KB274539

세계 여러 나라의 관습과 매너

김진익 교수 저

도서출판 한글

머리말

　금세기 많은 사람들은 오로지 '세계화', '국제화', '정보화', '하이테크화' 등 숨돌릴 틈 없이 펼쳐지는 거대 조류에만 관심을 쏟고 있다.

　물론 격렬한 세계 경쟁과 초진분보(秒進分步)하는 기술 혁신의 소용돌이 속에서 살아남기 위해 당연히 관심을 가져야 할 것들임에는 틀림없다. 이러한 시대 상황에서 예절이니 전통이니 하는 것들을 강조하면 자칫 세계화 시대에 뒤떨어진 고리타분한 수구주의자로 몰릴 수도 있다.

　그러나 이러한 흐름에 휩쓸려 우리가 당연히 지키고 전승해야 할 전통과 정체성을 잃어버린다면 그 때의 세계화니 하이테크니 하는 것들은 진정한 경쟁력의 바탕이 되지 못할 것이다.

　옛말에 '예(禮)가 없으면 그 나라 · 조직 · 가정이 위태롭고(無禮則危), 예가 있으면 그 나라 · 조직 · 가정이 평화롭다(有禮則安)'고 했다. 결국 예를 소홀히 한 발전이나 성장은 속이 빈 쭉정이에 지나지 않는 것이다.

　그러므로 예를 통한 인간화(Humanization), 초감성화(High Touch)

추구는 지구 경쟁 시대에 없어서는 안될 고객감동의 가장 든든한 행동 무기이며 비즈니스 활동의 근본이라 할 수 있다.

퇴폐하는 인간성을 회복하고 미래 사회의 원숙한 질서와 인간의 가치를 새롭게 창출해 가기 위해서는 예에 대한 올바른 인식과 아울러 그에 부합하는 정중하고 세련된 행동 예절 하나하나를 성실히 실천해 나아가야 할 것이며, 그렇게 할 때 우리 주변은 더욱 풍요롭고 아름다운 삶의 터전이 될 것이다.

아울러 국제화 시대가 본격적으로 막이 오름에 따라 우리의 전통과 예절을 소중히 여기는 것 못지 않게 다른 나라의 문화와 여절에 대해 깊은 관심을 가지고 이해의 폭을 넓혀 나가는 것이 매우 중요하다. 이 점은 앞으로 비즈니스 활동의 기본이라 할 수 있다.

이 책이 널리 읽혀 진정한 예절 문화가 뿌리내리고 그것이 개인에게는 삶의 질을 풍요롭게 하는 자양분이 되고 조직에는 세계 초일류 기업으로 성장하기 위한 밑거름이 될 수 있다면 더 바랄 것이 없겠다.

저자 김 진 익

차 례

제3장 직장인의 멋내기 183

제 1 장

직장인의 고객감동 행동예절

1. 고객의 마음을 사로잡는 용모와 복장

1) 남자 직원의 바른 몸단장

① 머리

- 앞머리가 이마를 가리지 않도록
- 옆머리는 귀를 덮지 않도록
- 뒷머리는 와이셔츠 깃을 덮지 않도록
- 자주 감아 청결 유지
- 단정한 머리 모양 유지

② 얼굴

- 항상 청결 유지
- 미소 띤 깨끗한 얼굴

③ 양복

- 화려한 원색 피함
- 바지 길이는 구두 위에 가볍게 닿을 정도
- 바지 주름은 질서 있게

④ 와이셔츠

- 흰색이 원칙
- 소매는 양복 소매 끝에서 1~1.5㎝ 정도 보이게
- 소매는 깨끗이

⑤ 넥타이

- 양복과 잘 어울리도록
- 때, 얼룩, 구김이 없도록
- 길이는 허리띠 위에 살짝 닿을 정도

⑥ 허리띠

- 검은색, 짙은 갈색이 원칙
- 요란한 무늬 피함

⑦ 양말

- 양복과 잘 어울리는 유사색
- 흰 양말은 피함

⑧ 구두

- 검은색이나 짙은 갈색이 좋음
- 매일 닦아 윤기가 나도록
- 캐주얼화는 피함

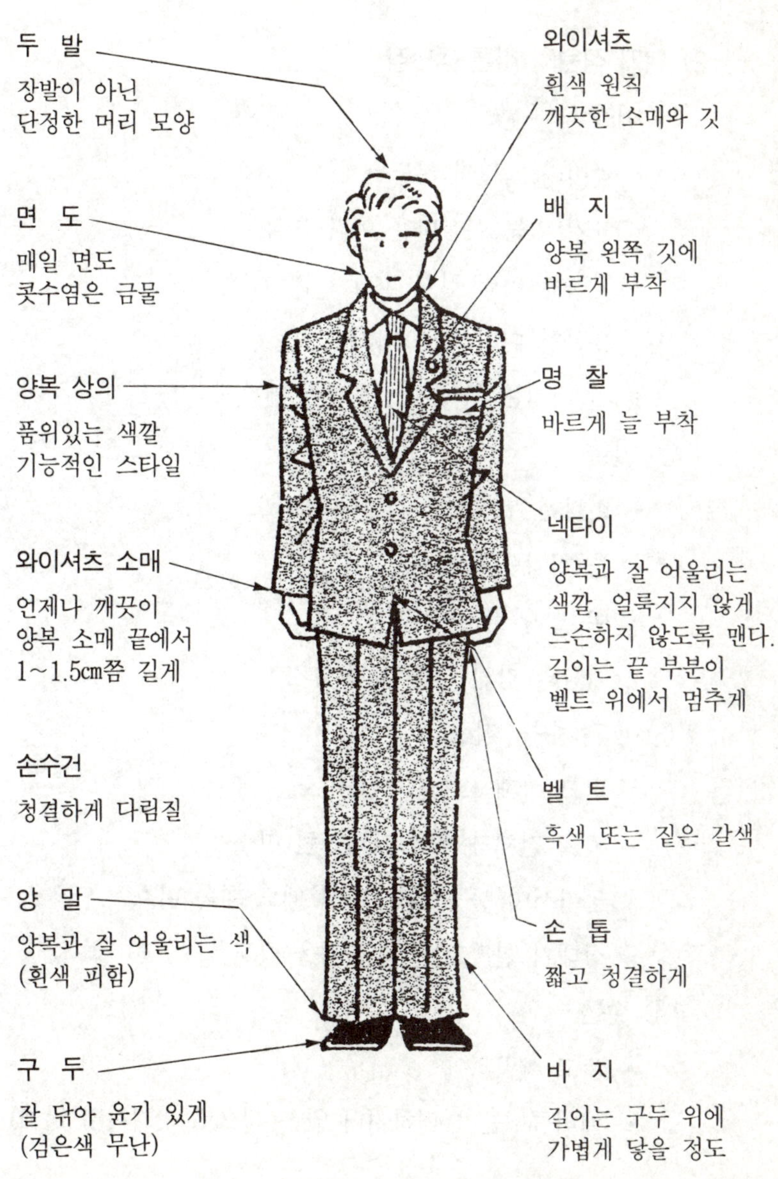
두 발
장발이 아닌
단정한 머리 모양

면 도
매일 면도
콧수염은 금물

양복 상의
품위있는 색깔
기능적인 스타일

와이셔츠 소매
언제나 깨끗이
양복 소매 끝에서
1~1.5cm쯤 길게

손수건
청결하게 다림질

양 말
양복과 잘 어울리는 색
(흰색 피함)

구 두
잘 닦아 윤기 있게
(검은색 무난)

와이셔츠
흰색 원칙
깨끗한 소매와 깃

배 지
양복 왼쪽 깃에
바르게 부착

명 찰
바르게 늘 부착

넥타이
양복과 잘 어울리는
색깔, 얼룩지지 않게
느슨하지 않도록 맨다.
길이는 끝 부분이
벨트 위에서 멈추게

벨 트
흑색 또는 짙은 갈색

손 톱
짧고 청결하게

바 지
길이는 구두 위에
가볍게 닿을 정도

2) 여자 직원의 바른 몸단장

① 머리

- 앞머리는 길지 않도록
- 윤기 있는 아름다운 머리 유지
- 화려한 머리 장식 피함
- 요란한 머리 모양 피함
- 긴 머리는 묶어서 활동하기 편하게

② 얼굴

- 화장은 투명하고 청결한 느낌으로
- 눈 화장은 엷게
- 미소 띤 밝은 얼굴
- 마음의 창인 눈을 맑게 유지

③ 호감 주는 미소

- 밝고 상쾌하고 순수한 미소
- 얼굴 전체가 웃는 자연스런 미소
- 돌아서며 등 자세가 바뀔 때도 계속 미소
- 상대가 환하고 편한 느낌을 받도록

④ 손톱

- 짧고 깨끗하게
- 매니큐어는 투명하거나 엷은 색으로(벗겨지지 않게)

⑤ 근무복
- 청결, 단정
- 명찰 제 위치에 부착
- 블라우스는 속이 비치치 않게

⑥ 스타킹
- 피부색 또는 유사색
- 너무 요란한 색이나 무늬 있는 것 피함
- 올이 빠지거나 늘어지지 않도록

⑦ 구두
- 검은색이나 갈색이 좋음

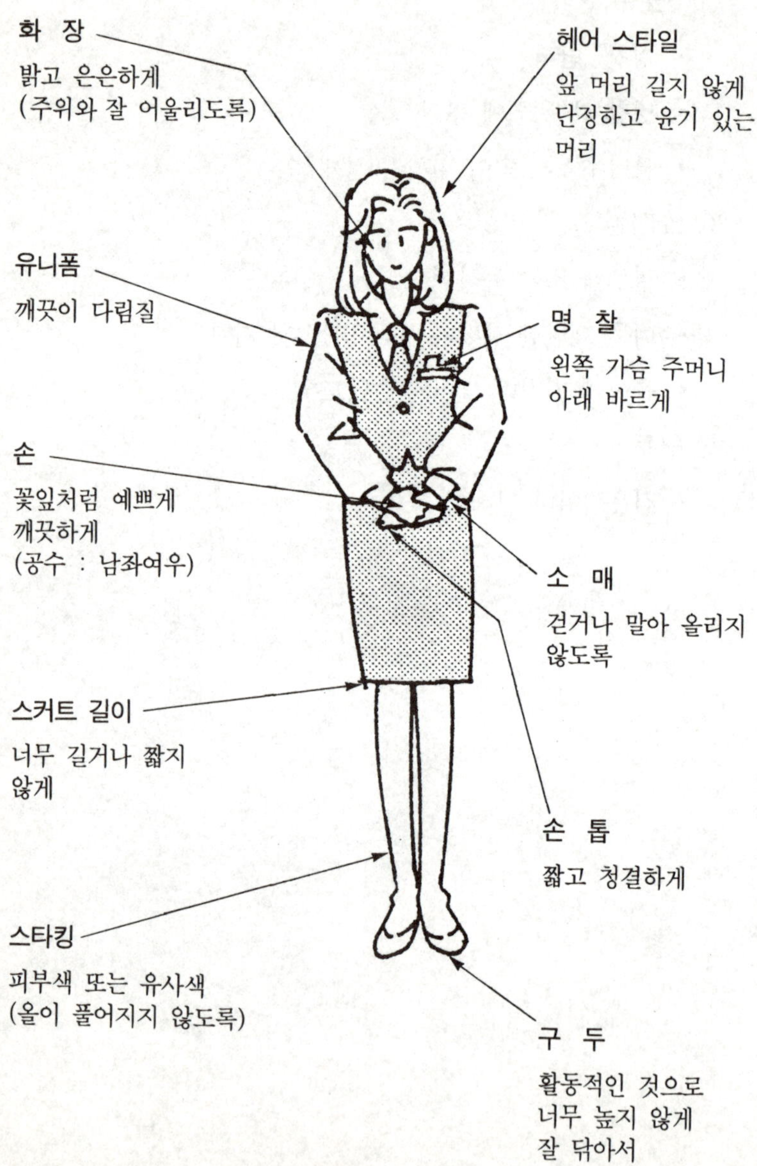
화 장
밝고 은은하게
(주위와 잘 어울리도록)

헤어 스타일
앞 머리 길지 않게
단정하고 윤기 있는
머리

유니폼
깨끗이 다림질

명 찰
왼쪽 가슴 주머니
아래 바르게

손
꽃잎처럼 예쁘게
깨끗하게
(공수 : 남좌여우)

소 매
걷거나 말아 올리지
않도록

스커트 길이
너무 길거나 짧지
않게

손 톱
짧고 청결하게

스타킹
피부색 또는 유사색
(올이 풀어지지 않도록)

구 두
활동적인 것으로
너무 높지 않게
잘 닦아서

2. 고객의 마음을 움직이는 인사

인사는 상대와 적이 아니라는 신호이며 존경심과 사랑의 상징이다. 습관화된 인사는 성격을 밝게 해 주고, 적극적인 사람으로, 동적인 사람으로, 명랑한 사람으로, 탁 트인 사람으로 만들어 준다.

1) 서서 인사

① 기본 자세

- 표정 : 밝고 부드럽게
- 시선 : 신념과 사랑에 찬 눈으로 상대의 눈을 본다.
- 고개 : 반듯하게 들고
- 턱   : 턱을 내밀지 말고 자연스럽게 당긴다.
- 어깨 : 힘을 뺀다.
- 무릎, 등, 허리 : 자연스럽고 곧게 편다.
- 입   : 조용히 다문다.
- 손   : 팔은 자연스럽게 늘어뜨리며 양손은 둥글게 쥐어 바지 바느질 선에 붙인다(여자는 두 손을 모으고).
- 발   : 발꿈치를 서로 붙이고 양발의 각도는 30도 정도로

벌린다(남성 10시 10분, 여성 11시 5분 각도).

- 마음 : 존경, 사랑, 감사

② 상체를 굽힌다

- 등과 목 : 반듯하게 뻗어 턱이 나오지 않도록
- 배 : 끌어당긴다.
- 상체를 허리부터 1초간 굽힌다.(15도, 30도, 45도).
- 시선 : 각도에 따라 1.5~2.5㎝ 앞을 본다.
- 인사말 : 상대와 상황에 알맞게

    (안녕하십니까? 감사합니다. 반갑습니다)

③ 잠시 멈춘다

- 상체를 숙이고 1초간 멈춘다.

④ 천천히 든다

- 허리를 숙일 때보다 천천히 든다(2초간).

⑤ 똑바로 선다

- 똑바로 선 후 시선은 상대의 눈을 본다.
- 미소를 띤다.

4박자 인사법

상체를 허리에서부터 1초간 굽힌다
잠시 멈춘다(1초간)
천천히 든다(2초간)

남녀의 30도 인사법

2) 걸을 때 인사

- 2~3m 가까이 가서
- 상대를 향해 선 후 기본 자세를 취하고 인사
- 상급자가 지나간 후에 움직인다.

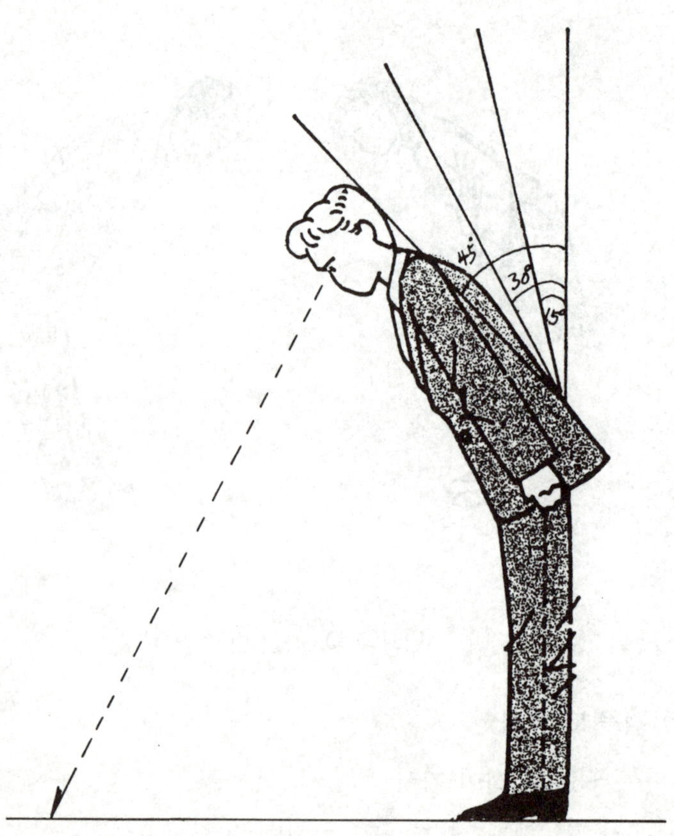

남자의 인사법

3) 계단을 오르내릴 때 인사

- 계단에 발을 딛기 전 간단한 예의를 표시하고
- 신속히 사선 걸음으로 계단을 통과한 후
- 상대 앞에서 기본 자세를 취하고 인사

4) 앉아서 인사

- 앉은 자세에서 4박자 인사
  법 실행(15도 인사)

5) 거수 경례

- 하급자가 상급자보다 먼저 시작하고 늦게 끝나며
- 다섯 손가락을 가지런히 붙여
- 오른쪽 눈썹이나 모자챙에 닿도록

6) 주목 경례

- 단체 경례시 국기나 대상을 향해 공경하는 눈길로 주목

7) 악수

- 상사가 먼저, 여성이 먼저 청함
- 상대에 맞는 자세에서 악수
- 시선은 눈→손→눈

  ※왼쪽 손으로 상대의 손등을 덮어 쥐는 것은 실례

경례의 종류

배례(의식 행사) : 90도
큰 경례(정중한 인사) : 45도
평경례(보통 인사) : 30도
반경례(가벼운 인사) : 15도

3. 교양미가 풍기는 자세와 동작

1) 걷는 자세

- 시선과 고개를 떨어뜨리지 말고
- 어깨를 흔들지 말며
- 몸 전체가 움직이면서 직선으로 똑바로 걸어감
- 발바닥 전체가 닿는 기분으로 소리가 나지 않게
  (발가락→발바닥→뒤축 순으로 닿게)
- 팔은 겨드랑이 15도, 팔꿈치 45도를 유지하여 자연스럽게 흔들며
- 손 안쪽이 다리(바느질선)를 스치도록
- 양발은 11자 모양으로 나란히 옮기고
- 팔짱 끼거나 뒷짐을 지거나 주머니에 손 넣고 걷지 않도록
- 껌을 씹거나 담배 피우면서 걷지 않도록

2) 방향 안내

- 손가락을 모아 손바닥 전체를 펴서 방향을 가리킨다.

- 손등이 보이거나 손목이 굽지 않도록
- 팔꿈치의 각도로 거리감을 나타낸다.
- 시선은 상대의 눈→가리키는 방향→상대의 눈
- 표정은 미소 띤 얼굴로 밝게

3) 방향 전환

- 좌로 방향 전환 : 왼발 먼저 움직임
- 우로 방향 전환 : 오른발 먼저 움직임
- 뒤로 방향 전환 : 우로 방향 전환을 두 번 반복

4) 뒤돌아 가는 자세

- 두세 걸음 뒷걸음하면서
- 등이 상급자에게 보이지 않도록

- 연속 동작으로

5) 앉는 법

① 남성

- 정지 동작을 살리며
- 바른 자세로 앉고
- 무릎은 상사 쪽에 맞춤

② 여성

- 한쪽 발을 반 발 정도 뒤로 하고
- 몸을 비껴 옆모습을 보이며
- 한쪽 스커트 자락을 살며시 누르고
- 의자 깊숙이 앉으며 다른 한쪽 발을 당겨 나란히 붙인다.

여성의 앉는 법

6) 앉은 자세

- 무릎은 상사 쪽을 향하여(상사 앞에서)
- 남성은 무릎을 어깨 넓이로 벌리고 가볍게 쥔 주먹을 무릎 위에 올려놓음
- 여성은 무릎과 발끝을 붙이고 손은 공손하게 모아 무릎 위에 올려놓음
- 의자와 등 사이에 주먹 하나 간격 띄움
- 시선은 상대의 눈을 본다

※ 편히 앉은 자세 : 등을 의자 등받이에 붙이고 편안히 앉음(여성은 붙인 무릎을 한쪽 옆으로 비스듬히)
※ 이런 자세는 취하지 않도록 : 다리를 꼬는 것 / 다리를 너무 벌리는 것 무릎을 떠는 것 / 팔짱을 끼는 것

7) 일어서는 법

- 어깨를 움직이지 않는다.
- 남자는 바로 일어선다.
- 여자는 한쪽 발을 반 발 앞으로 디디며 일어선 후 양발을 가지런히 모은다.

4. 성의 있는 고객 응대

1) 소개의 순서

- 지위가 낮은 사람을 높은 사람에게
- 연소자를 연장자에게
- 남성을 여성에게
- 친한 사람을 새로운 사람에게 먼저 소개한다.

2) 손님맞이

(1) 업무상 방문한 중요한 고객 응대

① 손님을 맞는다.

5S = Stand up, See, Smile, Speed, Skinship

② 인사를 한다.

③ 명함을 교환한다.

④ 면담할 수 있는 장소로 안내한다.

⑤ 용건에 들어간다.

⑥ 면담을 끝맺는다.

⑦ 작별 인사를 한다.

⑧ 손님을 전송한다.

(2) 일반적인 고객 응대

① 일어서서 맞이한다.

- 밝은 표정으로 — 안녕하십니까?

  어서 오십시오.

② 상대와 용건 확인

- 공손한 태도로 — 어떻게 오셨습니까?

  무엇을 도와 드릴까요?

  어느 분을 찾으십니까?

③ 용건의 처리

- 신속하게 담당자를 연결시킨다.

  담당자에게 안내해 드리겠습니다.

  잠시 기다려 주시면 바로 처리해 드리겠습니다.

④ 차를 대접한다

- 응접실로 안내 — 죄송합니다.

  잠시 기다려 주십시오.

⑤ 배웅한다.

- 복도 또는 엘리베이터까지 배웅한다.

  감사합니다.

  또 뵙겠습니다.

안녕히 가십시오.

※ 고객이 타고 가는 엘리베이터 앞에서는 문이 완전히 닫힐 때까지 그 앞에 서 있는다.

3) 손님 안내

- 고객이 중앙으로 걸을 수 있도록
- 상급자보다 두세 걸음 앞에서
- 사선 걸음으로 가면서 수시로 뒤돌아보며 안내
- 수행할 때는 상급자보다 두 세 걸음 뒤에 선다.
- 계단 위로 안내할 경우 여성이라도 앞서 가며 안내한다.

※ 상황에 따라 고객을 편안하게 정성을 다해 안내한다.

4) 물건을 주고받을 때

- 두 손으로
- 가슴 높이에서
- 받는 쪽이 편하도록 건넨다.
- 바닥에 앉아 있는 사람에게는 앉아서, 선 사람이나 의자에 앉아 있는 사람은 서서 전달한다.
- 시선은 상대방의 눈→물건→상대방의 눈에 맞춘다.

eye contact : three points

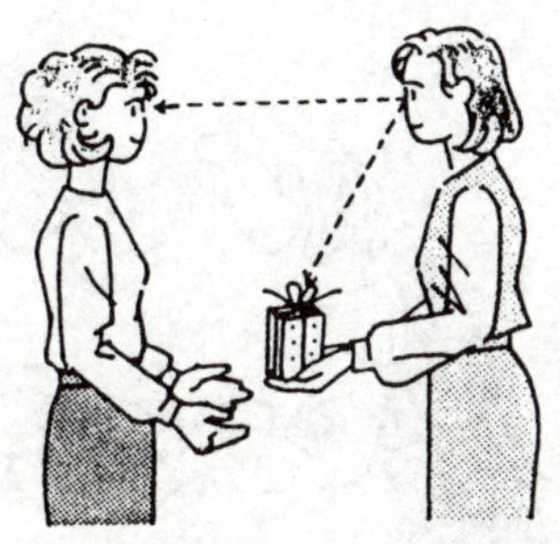

물건을 주고받는 바른 자세

5) 문 출입 자세

- 문을 열 때는 열리는 쪽을 막지 않도록 하며(즉, 돌쩌구가 있는 쪽에서 연다)
- 문턱을 밟지 말며
- 뒷모습을 안 보이고
- 문소리나 발소리를 내지 말아야 한다.

6) 명함 교환

- 자기 명함은 명함집에 넣어 윗옷 안주머니에 넣어 둔다.
- 명함을 건넬 때는 오른손으로 명함을 가슴 높이로 들고
- 상대의 위치에서 바로 읽을 수 있도록 이름을 밝히면서 건넨다.

명함을 주고받는 바른 자세

- 받은 명함은 양손으로 받쳐들고 상대의 눈→명함→상대의 눈을 보며 받는 즉시 확인하면서 인사를 나눈다.
- 동시에 교환할 때는 오른손으로 건네 주고 왼쪽 손바닥으로 받은 후 오른손 바닥으로 다시 받쳐들고 명함을 보며 인사를 나눈다.
- 상대방 명함에 낙서를 하거나 책상 위에 아무렇게나 놓고 이야기해서는 안 된다.
- 받은 명함을 가지고 손장난을 해서는 안 된다.

※ 명함은 아랫사람 또는 손님이 먼저 건넨다.

7) 차 내는 법

- 차는 찻잔의 70% 정도 채우며
- 쟁반은 깨끗하게
- 고객에게 먼저, 상석 먼저
- 잔은 고객의 오른쪽, 10㎝ 정도 앞에 놓고
- 소리가 나지 않도록 주의해야 한다.

> 쟁반을 가슴 높이로 들고 공손히 노크한 후 → 문을 열고 들어가 → 목례하고(쟁반을 옆으로 비껴서 듦) → 조용히 걸어가서 찻잔을 놓고 → 가볍게 목례하고 → 사선 걸음으로 두세 걸음 걸으면서 돌아 나와 → 문 앞에서 인사드리고 → 뒷모습이 보이지 않도록 문을 열고 나오면서 조용히 문을 닫는다.

8) 차 마시는 법

찻잔 잡는 법

- 소리 내지 않고
- 손잡이를 손끝 전체로 쥐고(방아 쇠 당기듯이 잡지 않도록)
- 잡 동작을 하지 않고 마신다.

※ 상사 앞에서는 몸을 약간 사선으로 하여 겸손한 자세로 마신다.

9) 엘리베이터 이용

- 안내원이 있을 때 : 상급자가 먼저 타고 먼저 내린다.
- 안내원이 없을 때 : 하급자가 먼저 타서 엘리베이터를 안전하게 조작하며 상급자는 나중에 타고 먼저 내린다.

※ 엘리베이터 안에서는 : 눈을 마주치지 말고

잡담을 하지 않고

잡 동작을 금하며

벽에 기대지 말 것

껌과 담배는 절대 금물

10) 계단을 오르내릴 때

- 올라갈 때 : 남자가 먼저

- 내려갈 때 : 여자가 먼저
- 여자는 사선 걸음으로

11) 대중 교통을 이용할 때

- 탈   때 : 여성이 먼저
- 내릴 때 : 남성이 먼저
- 남성은 여성을 안전하게 보호할 의무

12) 에스컬레이터 이용

- 올라갈 때 : 여자가 먼저 타고
- 내려갈 때 : 남자가 먼저 탄다.
- 남성은 여성을 안전하게 보호

13) 승용차의 좌석 순위

① 운전 기사가 있는 경우

- 운전사의 대각선 쪽 뒷좌
  석이 최상석
- 운전사 뒷좌석이 두 번째
- 운전사 옆 좌석이 세 번째
- 뒷좌석의 가운데 자리가 네 번째

  ※ 경우에 따라 ㄷ과 ㄹ은 바뀔 수 있다.

② 손수 운전인 경우

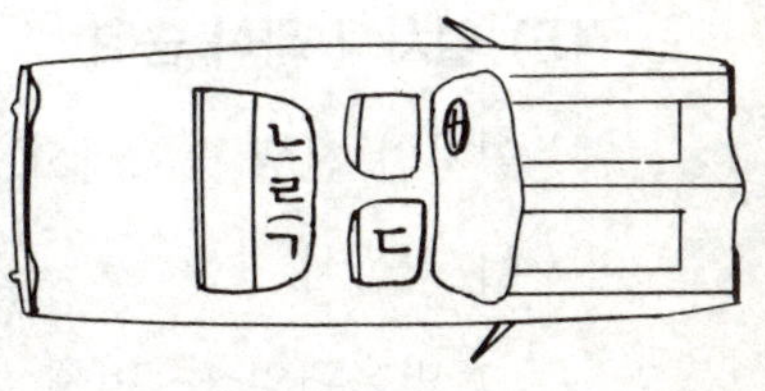

- 운전석 옆자리가 상석(단, 운전자의 부인과 함께 탄 경우는 운전석 옆자리가 부인석)

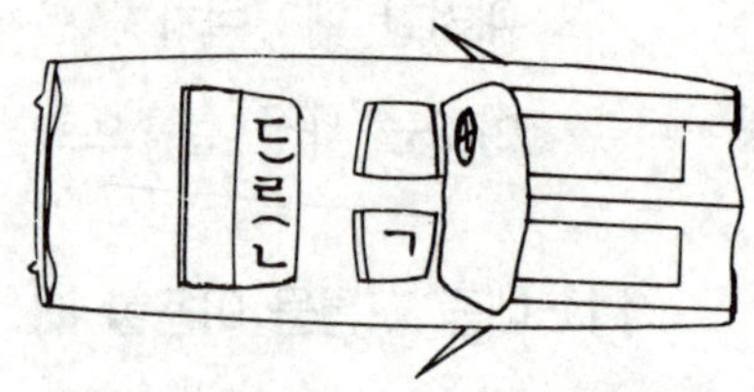

③ 승차시 주의 사항

- 뒷좌석 한 가운데 여성을 태우는 것은 금한다.
- 여성이 자동차를 탈 때에는 엉덩이를 먼저 넣고 양다리를 붙여 가지런히 옮긴다.

14) 비행기의 좌석 순위

- 창 쪽의 자리가 최상석
- 3인용 좌석은 통로 쪽이 두 번째, 가운데가 세 번째 순서

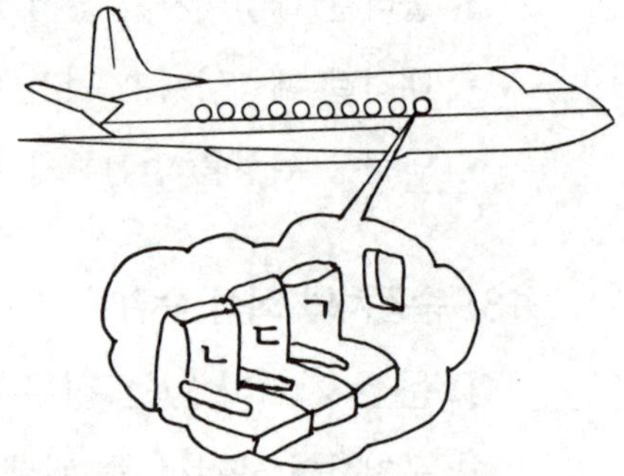

15) 열차의 좌석 순위

- 열차의 진행 방향에서 창 쪽이 최상석
- 그 맞은편의 두 번째
- 최상석의 옆 좌석이 세 번째
- 세 번째 맞은편이 네 번째

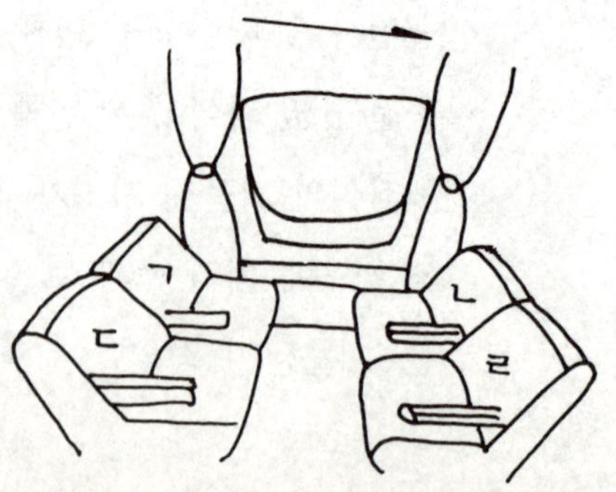

5. 친절한 전화 예절

1) 전화 받는 법

① 수화기를 든다.

- 벨이 울리면 곧 왼손으로 받는다.
- 오른손으로 메모 준비

② 자신을 밝힌다.

- 인사말, 소속, 이름(교환 : 부서명, 직통 : 회사명)

③ 상대를 확인한다.

- 죄송합니다만, 어느 분이십니까?

④ 인사를 한다.

- 안녕하십니까?
- 반갑습니다.
- 항상 신세를 많이 지고 있습니다.

⑤ 용건을 확인한다.

- 요점을 메모(예, …예)

⑥ 복창을 한다.

- 5W 2H로 의문점을 확인
- 요점을 복창한다.

⑦ 마지막 인사를 한다.

- 용건에 맞는 인사 — 잘 알겠습니다. 감사합니다.

⑧ 전화를 끊는다.

- 상대가 먼저 끊고 나서 조용히 끊는다.

⑨ 사후 처리

2) 전화 거는 법

① 준비

- TPO(시간, 장소, 상황)를 생각한다.
- 용건을 사전에 메모한다.
- 전화 번호를 확인한다.

② 다이얼을 돌린다.

- 왼손으로 전화기를 들고 신호를 확인하며 정확히 다이얼을 돌린다.

③ 자신을 밝힌다.

- 천천히, 확실하게

④ 상대를 확인한다(상대방이 이름을 밝히지 않았을 때).

⑤ 지명인을 부탁한다.

- 죄송합니다만 ○○씨 부탁드립니다.

⑥ 인사를 한다.

- 성의를 다해서, 명랑하게

⑦ 용건을 얘기한다.

- 요령 있게(결론부터)

⑧ 요점을 확인한다.

⑨ 최후 인사를 한다.

- 내용에 맞게, 정중하게

  잘 부탁드리겠습니다. 감사합니다. 안녕히 계십시오.

⑩ 수화기를 제자리에 둔다.

- 사이를 두고 조용히 끊는다.

⑪ 사후 처리

3) 친절한 전화응대의 13단계

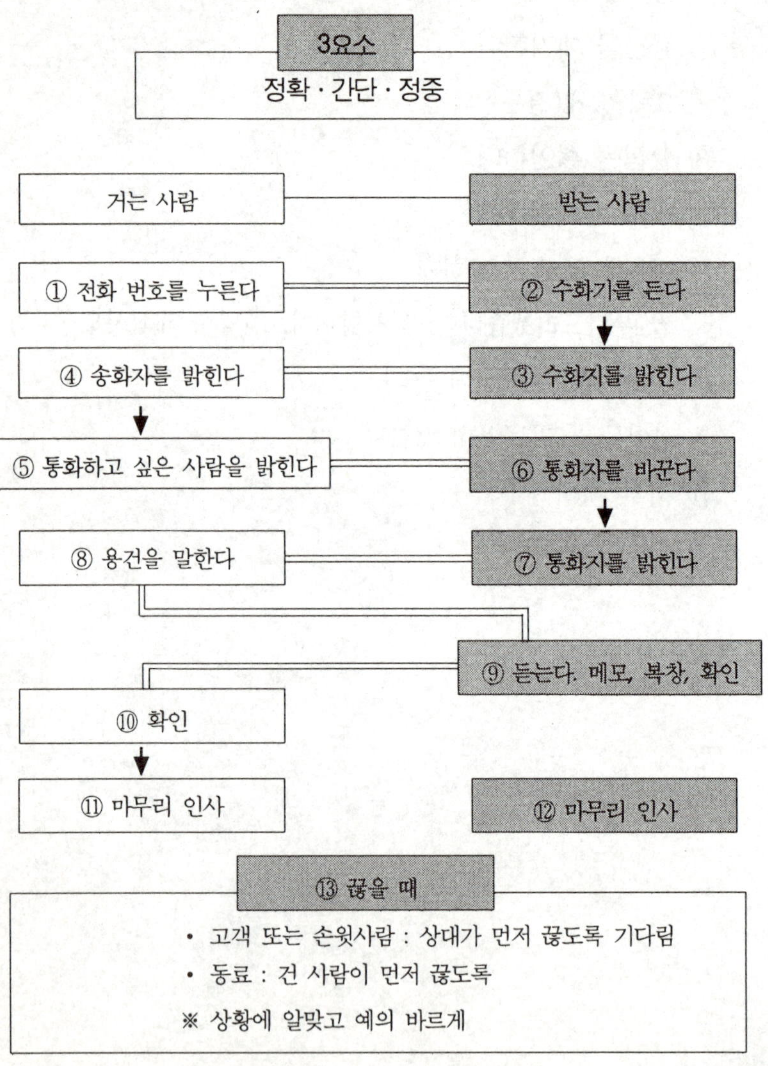

6. 신뢰받는 대화 예절

1) 말씨

- 겸양어나 존대어를 적절히 사용(상대에 알맞게)
- 의뢰형을 사용
- 긍정형으로 표현
- 표준어, 일상 용어 사용

2) 태도

- 밝고 명랑한 표정
- 상대의 자존심을 존중하면서 상대의 관심, 흥미에 초점을 맞춰
- 적극적으로 경청한다(적게 말하고 많이 듣는다).
- 호소 내용, 원하는 소리, 감정을 가슴으로 받아들인다
- 요령 있게 요점을 말한다(추측이나 자신 없는 말은 삼간다).
- 상대의 눈을 보며 적절한 반응을 보인다.
- 설득하거나 교육시키려는 태도를 삼간다.
- 상대의 말을 가로막지 않는다.

• 비언어적 표현에 주의한다.

3) 직장에서의 호칭

(1) 일반적 호칭

① 상급자 : 성+직책+님

　　　　"○부장님"

② 하급자 : 성+직책

　　　　"○대리"

③ 동료 : 이름+씨

　　　　"○○○씨"

④ 선배 : 이름(성)+선배님, 선생님

　　　　"○○○선배님", "○○○선생님"(○선배님, ○선생님)

(2) 상황별 호칭

① 공식 석상

• 존칭을 사용하지 않는다.

　　"사장 훈시", "부장의 업무보고"

② 외부인에게 사내 사람을 일컬을 때

• 존칭 생략

　　"○○○부장을 찾으십니까?"

③ 상대의 이름만 아는 경우

• 이름+씨

"○○○씨"

④ 상사보다 상급자에게 상사를 말할 때

• 자기 상사를 낮춤

"예, 부장님! ○과장은…"

"이사님! ○부장의 전화입니다."

⑤ 문서상

• 존칭을 생략해도 된다.

"사장 지시"

7. 좋은 이미지를 남기는 근무 예절

1) 출근시

- 지각을 하거나 급하게 뛰어 들어오지 않도록
- 최소한 근무 시작 10분전까지는 자리에 앉아 일할 자서 준비
- 직원 서로에게 인사를 하여 명랑한 직장 분위기 조성
- 깨끗하고 단정한 복장을 유지

2) 근무중

(1) 태도

- 일일 계획에 따라 업무 진행 및 계획, 실행, 평가를 생활화(업무 내용, 보고 사항, 방문 계획 등)
- 항상 예의 바르고 명랑하고 쾌활하게
- 일에 관련되지 않은 것을 읽는다거나 사적인 일을 삼가
- 무단으로 자리를 비우는 것은 절대 삼가
- 고객 앞에서 다른 직원과 잡담하지 않도록
- 담배는 금물

- 사무실에서는 머리를 빗거나 화장을 하거나 손톱을 깎지 않도록
- 자리에 앉을 때는 의자를 바짝 당겨 앉고, 자리를 뜰 경우는 의자를 책상 밑으로 밀어 넣도록
- 사사로운 전화를 한다든가 자기 자리를 이탈해서 남의 자리에서 잡담하는 것은 삼가
- 슬리퍼로 사무실 통행을 하지 않도록
- 말은 되도록 간결하게
- 장난을 하거나 큰소리, 웃는 소리, 품위 없는 행동을 삼가
- 문을 여닫을 때나 통과할 때 고객에게 방해가 되지 않도록

(2) 자리를 뜰 경우

- 자리를 비워 일에 지장을 초래하지 않도록 유의
- 행선지, 용건, 예정 시간을 메모나 전언 등으로 상사, 동료에게 미리 알려 둔다
- 장기간 일이 있는 경우(교육, 출장 등)는 책상 위에 표지판을 사용
- 중간 연락
- 공적이든 사적이든 일단 외출할 때는 상사의 허가를 받도록 하고 돌아오면 결과를 보고
- 돌아오면 부재중의 용건 유무를 확인

(3) 복도나 계단에서

- 조용히 좌측 통행
- 복도나 계단에서는 긴 이야기를 삼가
- 손님과 상사를 앞질러 가지 않도록
- 행선지를 몰라 헤매는 외부 손님을 친절히 안내
- 팔짱을 끼거나 손을 주머니에 넣은 채 걷지 않도록
- 껌을 씹거나 담배 피우며 다니지 않도록

(4) 휴식시간

- 근무의 연장
- 휴식의 규정 시간을 지킨다
- 휴식 시간중이라도 사무실에서는 태도를 조심
- 군것질하며 다니지 않도록

(5) 화장실 사용

- 항상 청결하게 사용
- 화장실에서 잡담하거나 큰소리로 떠드는 것은 삼가
- 대화 유의(누군가가 듣고 있을지도 모른다)

3) 퇴근시

- 퇴근 준비는 근무 시간이 끝난 후에
- 오늘 한 일 점검, 내일 할 일 메모
- 책상과 사무실 정리 정돈(PC 전원 반드시 끈다)
- PC 디스켓, 책상 서랍, 캐비닛 등은 반드시 잠금 장치(보안

유지)

- 화재 예방, 안전 점검
- 상사나 동료, 선배에게 퇴근 인사를 잊지 않도록
- 지나치게 서두르지 않는다.

8. 지시 받고 보고하는 예절

1) 지시 받는 요령

(1) 지시를 받을 때

- 호명 당하면 즉시 응답한 후, 메모(업무 노트)를 준비하고 예의 바른 행동으로 간다.
- 끝까지 경청하며 요점을 기록한다.
- 5W 2H로 생각하며 모호한 점은 질문한다.

When, Where, Who, What, Why, How, How much

- 요점을 간단히 최종 복창해서 확인
- 다른 상급자에게서 지시 받은 경우에는 그 내용을 직속 상사에게도 보고해야 한다.

(2) 의견이 있을 때

- 상대의 입장을 이해하며 겸허한 마음으로 솔직히, 논리 정연하게
- 사실에 입각해서 있는 그대로를 간결하게

- 근거가 되는 자료를 구비
- 다시 상사의 지시를 구한다.
- 시간상, 능력상 무리라고 판단될 때 그 이유를 설명하고 상사의 도움을 받도록 한다.

(3) 지시를 받고 나면

- 상사의 요구 포인트를 신속히 파악
- 일의 순서, 중요도 확인
- 보고 기한 확인
- 계획 수립, 적극적으로 실행
- 진도와 결과 확인

2) 보고하는 요령

(1) 보고 방법

- 순서 : 결론→내용(이유)→경과→소견
- 지시 받은 업무가 끝나면 즉시 보고(간단 명료, 요점 강조)
- 보고는 반드시 지시한 본인에게
- 사실에 입각해서 객관적으로
- 적당한 단락을 지어 요점을 알기 쉽게

(2) 중간 보고가 필요한 경우

- 장기간 소요되는 업무의 경우

- 지시된 범위를 벗어날 때
- 난관에 부딪쳤을 경우
- 지시된 방침, 방법으로는 수행이 불가능할 때
- 상황이 변했을 때
- 결과나 전망이 예견될 때

(3) 문서 보고가 필요한 경우

- 중요한 사항
- 내용이 복잡한 사항
- 기록으로 남길 필요가 있는 사항
- 관계 부서에 별도 보고할 필요가 있는 사항

(4) 보고할 때의 자세

- 상사의 책상에서 조금 떨어진 곳에서
- 상사의 약간 측면에서
- 책상이 없는 경우에는 더 멀리 떨어진 곳에서
- 서류 설명 때문에 가까이 있어야 할 경우에는 "실례합니다."라고 말하면서 가까이 다가선다.
- 보고 시간이 길어질 경우라도 상사의 권유가 있기 전에는 자리에 앉지 않는 것이 예의
- 상사가 바라는 일을, 바라는 때에, 바라는 방법으로

9. 업무 지시와 보고 받는 예절

1) 업무 지시 요령

(1) 지시의 두 가지 포인트
① 업무 할당 : 누구에게 시킬 것인가?

② 지시 방법 : 어떻게 전달할 것인가?

(2) 업무 할당의 세 가지 조건
① 부하의 조건(능력)

- 지식, 기능, 태도, 잠재력, 장래성

② 업무의 조건(자격 조건)

- 지식, 기능, 태도, 긴급성, 중요도, 장래성

③ 기타 조건

- 조직이 놓인 상황, 역할, 상호 관계, 팀워크, 인간 관계, 업무 할당의 형평성

(3) 좋은 지시와 나쁜 지시
① 좋은 지시

- 지시할 때 고려 사항 : 업무의 성격, 중요도, 상황, 상대의 특성, 자질, 능력
- 전망 있고 자신감 넘치는 지시
- 시종일관(일시에 완전하게 지시)
- 도전하려는 의욕과 관심을 불러일으키는 지시

② 나쁜 지시

- 일관성이 없는 지시(자꾸 바뀌는 명령)
- 구체적이지 못한 지시(5W 2H를 밝히지 않는)
- 강압적인 지시
- 추상적인 표현(언어 불명, 의미 불명)
- 책임을 회피하는 지시(상층부 명령 핑계)
- 자신감이 없는 지시

(4) 상황별 지시 요령

① 일방적으로 시킨다

- 엄격한 통제가 필요한 경우
- 긴급한 경우

② 부탁한다

- 자유 재량의 여지를 주는 경우

③ 유도한다

- 의욕을 부여하고자 할 때
- 강한 책임감을 부여하고자 할 때

④ 암시한다
- 적극성 신장
- 능력 있는 사람에 대하여
- 자진해서 일하는 사람에 대하여

⑤ 자원하게 한다
- 무리하게 시킬 수 없는 일
- 업무 내용의 범위를 넘어선 일
- 불유쾌하거나 위험한 업무
- 평소와 다른 경우

2) 보고 받는 요령

① 선입관, 편견, 주관을 버림
② 경청
③ 의미를 정확히 받아들임
④ 문제점을 파악하며 모호한 점 확인
⑤ 노고를 위로
⑥ 실패나 사고보고는 냉정하게

10. 생산성을 높이는 효과적인 회의 예절

① 자기 주장만 고집하거나 흥분하지 않는다.

② 다른 사람의 감정을 상하게 하는 언행을 절대 삼간다.

③ 발표에 앞서 사회자의 허락을 받아야 하며 발표 시간은 짧게 한다(제한 시간 준수).

④ 회의장 입장 후 부득이한 경우를 제외하고는 자리를 뜨지 않는다.

⑤ 회의가 잘 진행되도록 적극 협력하며 다른 사람의 의견을 인정해 주고 칭찬하는 데 인색해서는 안 된다.

> 정시 참석, 정시 시작, 정시 종료
> 회의 목적 명확화
> 참석 대상 최소화(회의 COST)
> 회의 자료 사전 배표(1매 BEST)
> 전원 발언, 상호 의견 존중

11. 술좌석의 품위 있는 예절

① 경영 방법이나 특정 인물에 대하여 비판하지 않는다.

② 상사에 대한 험담을 하지 않는다.

③ 과음하거나 지식을 장황하게 늘어놓지 않는다.

④ 술좌석을 자기의 자랑이나 평상시 언동의 변명 자리로 만들지 않는다.

⑤ 연장자나 상사와 함께 자리했을 경우, 술을 받을 때는 두 손으로 받으며

⑥ 술을 따를 때는 술병의 글자가 위로 가게 오른손으로 바로 잡고 왼손을 받쳐 정중한 자세로 따라 권한다.

⑦ 상사와 합석한 술좌석은 근무의 연장이라 생각하고 예의 바른 모습을 보여 주어 더 큰 신뢰를 얻도록 한다.

⑧ 고객이나 상사 앞에서 취중 한번 실수는 영원한 오점이라는 것을 명심해야 한다.

12. 담배 예절

① 담배는 사양해도 예의에 어긋나지 않는다.

② 방문을 하거나 방문객을 맞이할 때 자리에 앉자마자 담배를 피
   우기 시작하는 것은 실례.

③ 담뱃재를 아무 데나 털지 않는다.

반드시 금연해야 할 경우

금연 장소에서
상대가 식사를 끝내지 않았을 때
걷고 있을 때
상사가 지시하고 있을 때
서류를 설명할 때
웃어른이나 고객 앞에서

13. 정성이 담긴 선물의 매너

① 싼 물건을 포장만 잘해서 선물하는 것은 실례

② 거래처에 감사의 뜻을 표시할 때는 너무 고가품의 선물을 가져가도 실례

③ 자기가 선물로 받은 것을 다시 남에게 선물하지 않도록

④ 서양에서는 선물은 그 자리에서 펴 보는 것이 예의

⑤ 선물을 할 때는 반드시 포장을

⑥ 출산한 집이나 신경 과민 상태인 병자를 위문할 때는 물건을 네 개로 가져가지 않도록(4자는 '死'자와 통하기 때문)

⑦ 호흡기 질환을 가진 환자에게는 꽃을 가져가지 않으며 다른 환자에게도 흰 꽃은 삼가한다.

제 2 장

국제인의 매너와 에티켓

1. 국제인으로서의 해외 여행 에티켓

1) 해외 여행 계획과 준비

① 여행 목적에 맞는 세부 계획을 세운다.

- 일정 계획표
- 방문처 및 방문 업무 처리 계획
- 호텔 및 교통 이용 계획
- 경비 사용 및 환전 계획

② 여권 발급, 해당 국의 비자 신청, 항공권 예약 및 구입 관계를 확인

③ 여행기간 동안 회사 중요 업무 처리에 차질이 생기지 않도록 업부를 인계하고 협조 받는다.

④ 여행국에 대한 정보 수집(기후, 풍습, 물가, 문화, 역사, 관습, 금기 사항, 교통편, 언어 등)

⑤ 긴급한 경우 협조를 받을 수 있는 현지 연락처를 파악해 두고 국제 전화 요령을 알아둔다.

⑥ 비상시를 대비한 의약품 준비

⑦ 여행국에서 꼭 필요한 생활 회화 공부

⑧ 유경험자와 상의하면서 모든 일정과 물품에 대한 체크 목
록을 작성하여 활용한다.

※ 비자

사용 횟수 : 단수 비자, 복수 비자

체류 기간 : 임시 비자, 영주 비자

여행 목적 : 통과비자, 방문비자, 업무비자, 학생비자, 이민비자 등

※ 한 나라에 2회 이상 입국시 복수비자를 받도록

2) 공항과 기내에서

① 공항에서는 출발 예정 두 시간 전에 도착하여 출국 수속을 밟는
다.

② 출국 수속은 항공권 제시→탑승권 받음→수화물 계량→특정 물
품의 세관 신고→출국→심사→탑승

③ 여권, 항공권, 외화는 반드시 몸에 지니도록 한다.

④ 외화는 업무에 필요한 만큼만 소지하여 외화 소지 한도를 넘지
않도록 한다.

⑤ 출국 안내 방송을 신중히 듣고 행동한다.

⑥ 기내 구조를 파악해 두며, 특히 화장실(Lavatory)의 위치를 알
아둔다.

⑦ 기내에서 음료, 식사, 잡지 제공 등의 서비스를 받으면 반드시

고맙다는 인사를 한다.

⑧ 기내 판매 면세품(주류, 담배 등)은 꼭 필요한 것만 구입

⑨ 기내의 좌석에는 1등석(First Class)과 2등석(Economy Class)이 있고 그 사이에 우대석(Prestige/Executive Class)이 있다.

⑩ 입국 심사시 필요한 것은 출입국 카드(I/D 카드)와 여권

⑪ 입국 심사는 여권과 비자가 유용한지를 확인하고 국제 범죄 등에 대하여 조회한다.

3) 호텔에서

① 공항과 시내의 교통은 항공사의 전용 버스를 이용하는 것이 안전하다.

② 호텔 예약이 안 된 경우는 공항의 관광안내소나 교통 알선 창구를 이용한다.

③ 호텔에 도착하면 예약 사실을 알리고 체크 인한다.

④ 방 열쇠를 방안에 둔 채 문을 잠그고 나왔을 대는 당황하지 말고 프런트에 알린다.

⑤ 방안의 냉장고, 침대, 욕조 등은 깨끗이 사용한다.

⑥ 모닝 콜, 세탁물 의뢰, 식사 주문, 인터폰 등의 호텔 서비스를 알아둔다.

⑦ 나이트 클럽, 사우나, 수영장 등의 부대 시설은 공중 여절을 지

켜 이용한다.

⑧ 외출시 귀중품이나 현금은 프런트에 맡긴다.

⑨ 투숙 호텔 이름과 전화 번호는 반드시 메모하여 가지고 다닌다.

⑩ 팁은 나라마다 서비스 종류에 따라 다르나 대개 청구되는 요금
의 10~20% 정도라고 생각하면 무난하다.

⑪ 호텔 내를 다닐 때는 복장을 단정히 하고 조용히 하며 품위를 지
킨다.

4) 외국인을 대할 때

① 약속 시간을 꼭 지킨다.

② 외국인은 복장에 관심이 많으므로 소홀히 해서는 안 된다.

③ 악수는 상대의 눈을 바라보고 미소지으며 허리를 곧게 펴고 손
을 마주잡는 것이 원칙이다.

④ 명함을 사용하여 적극적으로 자신을 알리고 깊은 인상을 남기도
록 한다.

⑤ 영문 명함이 아닌 경우 자신의 이름과 전화 번호 등을 알아 볼
수 있도록 표기해 준다.

⑥ 사람을 소개하는 순서는 여성에게 남성을, 연장자에게 연소자를
먼저 소개한다.

⑦ 외국인들은 식사 때 기도하는 습관이 있는데 이 때 결코 먼저 음
식에 손을 대서는 안 된다.

⑧ 한국인의 긍지를 가지고 에티켓과 매너로 외국인을 대한다.

5) 여행중 곤란한 일이 생기면

① 길을 잃었을 때는 택시를 타고 투숙 호텔로 가거나 눈에 띄는 가까운 관공서를 찾아가 안내 받는다.

② 여권을 분실했을 경우는 한국대사관이나 영사관에 신고를 하고 여행 증명서(T/C)를 발급 받는다(여권 사진은 미리 준비하고 여권 번호, 발생일, 발행자 등을 수첩에 메모해 둔다.)

③ 신용카드를 분실했을 경우는 현지 제휴 은행에 신고하여 카드 무효 수속을 밟는다.

6) 해외 출장 귀국 결과보고

① 귀국하면 즉시 무사함을 알리고 일단 구두로 출장 결과에 대하여 보고한다.

② 경비 사용 내역을 정리하여 정산하고 서면으로 출장 결과 보고를 올린다.

③ 필요하면 전달회를 갖거나 관계자 회의를 실시한다.

④ 수집한 자료, 서적, 정보 등은 필요하다고 판단되는 부서나 사람에게 신속히 전달하여 활용하도록 배려하고 다음 출장 때 참고가 되도록 한다.

⑤ 최종 보고된 종합 자료는 편집하여 자료실에 비치하고 필요로 하는 직원이 열람할 수 있도록 한다.

2. 국제화 시대의 테이블 매너

1) 한식

① 출입문에서 떨어진 안쪽 중앙이 상석이다.

② 식탁에 몸을 숙이지 말고 단정한 자세로 앉는다.

③ 손윗사람이 먼저 수저를 든 뒤 아랫사람이 수저를 든다.

④ 국물 마시는 소리, 음식 씹는 소리, 수저 부딪치는 소리를 내지 않는다.

⑤ 수저를 빨지 말며 수저와 젓가락을 한꺼번에 쥐지 않는다.

⑥ 덜어 먹는 접시가 있으면 적당하게 덜어 먹는다.

⑦ 밥은 한쪽부터 먹어 들어가고 국물은 그릇째 마시는 일이 없도록 한다.

⑧ 돌이나 나쁜 음식을 씹었을 때는 다른 사람의 눈에 띄지 않게 처리한다.

⑨ 식사 도중 자리를 뜨지 않는다.

⑩ 식사는 같이 끝날 수 있도록 속도를 조절하고, 만약 먼저 끝나면 수저를 상위에 놓지 말고 밥그릇이나 국 그릇 위에 놓았다가 상

대방이 끝나거든 내려놓는다.

⑪ 윗사람이 일어서면 뒤따라 일어선다.

2) 양식

(1) 식탁에서의 바른 자세

① 웨이터가 제일 먼저 빼 주는 의자가 최상석

   (손님 중 제일 중요한 사람을 먼저 생각)

② 여성이 자리에 먼저 앉도록

③ 식탁과 가슴은 주먹 하나 간격(바른 자세)

④ 한 사람이 차지하는 적당한 폭은 65~75cm

⑤ 팔꿈치는 가볍게 몸에 붙임(팔짱 끼지 않도록)

⑥ 다리는 가지런히 모으고 의자에 약간 깊숙이 앉는다.

   (다리를 꼬거나 뻗치거나 흔들지 말 것)

⑦ 식탁에서 주의 사항

- 손가락질하지 말 것
- 나이프나 포크로 물건을 가리키지 말 것
- 메뉴는 천천히 보도록
- 초대되었을 때 가장 비싸거나 가장 싼 음식은 주문하지 않는다.
- 식기는 손님이 옮겨 놓지 않는다.

⑧ 대화

- 멀리 있는 사람과의 대화는 주의

- 화제는 날씨, 여행, 스포츠, 시사, 문화, 뉴스, 음악 등 가벼운 얘기(나이나 건강, 의견이 대립될 수 있는 종교·정치·금전 문제 피함)

⑨ 가방

- 손가방 위치는 등과 의자 사이

  (손가방을 들지 않은 여자는 알몸과 같다)

⑩ 손의 위치

- 식사 중에는 큰 접시를 사이에 두고 식탁 위에 가볍게 얹어 놓는다.

- 식사 후에는 무릎 위에 얌전히 얹는다.

  (나이프나 포크를 만지작거리지 않는다)

⑪ 이쑤시개와 화장

- 이쑤시개는 테이블에 앉아서 쓰지 않는 것이 예의

  (화장실에 가서 사용)

- 식탁에서 립스틱, 콤팩트 등 화장 삼갈 것

⑫ 냅킨 사용법

- 손님 모두가 자리에 앉은 다음 한두 마디 나누다가 천천히 자연스럽게 편다(식사 전 건배하는 경우 건배가 끝날 때까지 펴지 않음).

- 냅킨은 두 겹으로 접힌 상태에서 접힌 쪽이 자기 앞으로 오게 무릎 위에 놓음(목에 끼우는 것은 어린이만 허용)

- 냅킨은 입과 핑거 볼을 사용한 손가락에만 사용
  (나머지 경우는 자신의 손수건이나 종이 냅킨 사용)
- 냅킨으로 나이프, 포크, 접시 등을 닦거나 수건처럼 얼굴, 목, 손을 닦는 것은 삼가한다.
- 물을 엎질러도 냅킨으로 닦지 말고 웨이터에게 부탁
- 다른 사람의 실수는 못 본 척하는 것이 예의

⑬ 식사중 자리를 뜰 때

- 중간에 자리 뜨지 않는 것이 원칙
  (들어가기 전에 볼일을 볼 것)
- 불가피하게 자리를 뜰 경우엔 잠깐 실례한다고 옆 사람에게 인사
- 냅킨을 의자 위에 놓고 나가도록(냅킨을 테이블 위에 얹어 놓으면 식사가 끝났다는 신호)
- 식사가 끝나면 냅킨을 자연스레 접어 식탁 왼쪽이나 앞에 놓는다.

(2) 나이프와 포크 사용

① 사용법

- 왼쪽에 포크, 오른쪽에 나이프(각각 3개 이내)
- 밖에 놓인 것부터 안쪽으로 들어가며 하나씩 사용
- 나이프는 오른손으로 사용(왼손잡이도 오른손으로)
- 나이프와 포크는 바로 세워 들지 않도록

- 스테이크를 먹을 때 포크는 왼손, 나이프는 오른손으로
- 입에 들어갈 만한 크기로 자른 뒤 나이프는 접시에 걸쳐두고 포크를 오른손에 바꿔 들고 먹어도 무방
- 포크로 일단 찍은 것은 한 입에 먹음

② 식사중일 때

- 접시 중앙 또는 테두리 쪽으로 나이프와 포크가 서로 여덟 팔 자형이 되도록 올려놓거나 걸쳐놓는다.
- 나이프는 칼날이 안쪽을 향하도록

③ 식사가 끝났을 때

- 나이프는 뒤쪽에 포크는 자기 앞쪽에 오도록 가지런히 모아서 접시 중앙 오른쪽으로 비스듬히 놓음
- 나이프 날이 자기를 향하도록, 포크는 등이 밑으로 가도록
- 웨이터는 식사가 끝났는지를 나이프와 포크 상태로 분간

식사중

나이프만 놓을 때

시사 완료

④ 떨어뜨렸을 때

- 포크나 나이프를 떨어뜨렸을 때는 줍지 말고 웨이터에게 새것 요구

- 웨이터가 없는 일반 가정에 초대되었을 때는 직접 줍고 새것 요구
- 식사 중 음식물을 식탁 위에 떨어뜨렸을 때는 슬며시 포크로 주워서 접시 한구석에 놓음(먹지 말 것)

(3) 기본적인 테이블 매너

① 음식 먹을 때

- 소리를 내지 않는다.
- 음식을 입에 넣은 채 이야기하지 않는다.
- 묻는 말의 답변은 입안의 음식을 다 먹고 "Excuse me."라고 대답한 후 대답
- 와인이나 물은 음식을 입에 넣은 채 마시지 말 것 (물은 오른쪽에 놓인 것을 마심)
- 생선을 먹을 때 뒤집어서 먹지 않도록

② 빵 먹는 법

- 빵은 보통 수프를 먹고 난 직후에 나옴
- 바로 먹거나 수프와 함께 먹지 않는다.
- 빵은 수프 다음에 나오는 요리와 함께 먹기 시작하여 디저트 코스에 들어가기 전에 끝냄
- 한 입에 먹을 만큼 손으로 떼어먹는다.
- 토스트는 나이프로 4등분하여 손으로 먹는다.
- 토스트는 아침 식사로 먹는 것이므로 만찬에는 먹지 않는다

(만찬시 웨이터에게 주문하지 않도록).

- 버터는 그릇에 담겨 나오는데 버터 그릇을 자기 앞에 갖다 놓고 버터 나이프로 약간 떠서 일단 자신의 빵 접시에 옮긴다.
- 빵에 버터를 발라먹을 때는 오른손에 버터 나이프를 들고 한 입 크기로 작게 뗀 빵 조각에 바른다.
- 버터 나이프가 없을 때에는 보통 나이프로 쓰며 반드시 새것을 쓴다.

※ 정식 만찬에서는 잼을 찾지 말 것

(4) 소스와 스테이크

① 소스

- 소스를 치는 요리가 나올 때는 기다렸다가 소스가 나온 후 먹는다.

② 스테이크

- rare : 표면은 짙은 갈색, 속은 붉은 날고기(생소)
- medium rare : rare보다 살짝 더 익힌 상태(반생소)
- medium : 고기 속이 모두 분홍빛(중소)
- well-done : 완전히 구워진 상태(완소)
- 큰 고기는 우선 가운데를 자르고 왼쪽에서 오른쪽으로 한 입 크기로 잘라먹는다.

③ 샐러드와 조미료

- 샐러드

　　미국 : 야채 샐러드는 고기 먹기 전에

　　유럽 : 고기 다음 샐러드

- 조미료는 옆 사람에게 부탁

　"Would you pass the salt and pepper, please?"

④ 핑거 볼(finger bowl)

- 손가락 씻는 그릇

- 디저트 코스에 들어가기 전 디저트 접시에 핑거 볼이 얹혀 나옴(담긴 물을 마시는 실수 없도록)

⑤ 수프 먹는 법

- 소리내거나 불어 먹지 않는다.

- 스푼으로 한번 뜬 것은 단번에 먹는다.

- 스푼은 오른손으로 쥐고 바깥쪽 방향으로 떠서 스푼 끝 옆쪽으로 입 속에 쏟아 넣듯 먹는다.

※ 프랑스식 : 스푼을 자기 쪽으로 향해 떠먹는다.

- 수프는 웨이터가 서브하면 곧 먹기 시작

- 수프를 다 먹고 나면 스푼은 손잡이를 오른쪽으로 하여 그릇 속에 놓아둔다.

⑥ 손으로 먹는 경우

- 샌드위치, 올리브 열매, 버찌, 캔디 등 극히 작은 음식

- 새우, 게의 껍질을 벗길 때는 반드시 핑거 볼에 손가락을 씻는다.

- 생선의 작은 뼈를 뱉을 때는 손가락으로 잡아서 꺼낸 후 포크에 받아서 접시 위에 놓는다.

⑦ 술

- 술은 사교의 윤활유
- 서너 잔 정도(자기 한계 넘지 않도록)
- 술 취해 실수하는 일 없도록

⑧ 식사시간

- 옆 사람들과 먹는 보조 맞춤

⑨ 커피

- 커피는 마지막 코스
- 커피 잔의 손잡이는 오른손의 엄지와 검지로 가볍게 잡음
  (권총 방아쇠 당기듯 잡지 않도록)
- 받침 접시를 들거나 잔 밑에 왼손을 받치지 말 것
- 커피나 홍차를 티스푼으로 떠 마시지 않도록
- 커피 마실 때 티스푼은 찻잔 뒤에 놓아둔다.
- 각설탕은 티스푼에 얹어 티스푼째 찻잔 속에 넣음
  (여러 번 젓지 말 것)
- 뜨겁다고 불거나 소리 내지 말 것
  (숭늉 마시듯 하지 말 것)

⑩ 담배

- 레스토랑에서 식사중에 담배를 피우는 것은 실례

- 디저트 후 식탁을 떠나 별실로 가서 커피나 식후주를 마시면서 피우도록 한다.
- 일반 가정에서도 디저트 후 홍차나 커피를 마시기 시작할 때 (피우기 전 옆 손님의 사전 양해를 구하고 대답을 들은 후)

(5) 와인 매너
① 와인 선택의 네 가지 요점
- 산지
- 포도의 수확 연도
- 브랜드
- 요리 종류
  생선 요리 : 백포도주
  육류 요리 : 적포도주

② 와인을 보관할 때는 반드시 15도 정도를 뉘어 둔다.
③ 와인 선택은 손님을 초대한 남자가 한다.
④ 술을 사양할 때
- 손가락으로 술이 필요하지 않다는 신호를 보낸다.
- 웨이터에게 "No, thank you."
  (단, 건배 위한 샴페인은 마시지 못해도 받아 둔다)

(6) 테이블 서비스의 일반 수칙
① 이미 접시에 담겨져 나오는 요리는 손님의 오른쪽에서 서비스

(미국식)

② 음식을 접시(Platter)나 볼 또는 투린(Tureen : 뚜껑 덮는 수프 그릇)에 담아서 서비스할 때(주로 떠먹는 요리)는 손님의 왼쪽에서 서비스(러시아식)

③ 모든 음료는 오른쪽에서 서비스

④ 식사 후 빈 그릇은 오른쪽에서 치움

⑤ 샐러드나 빵과 버터 그릇은 왼쪽에서 서비스하고 치움

⑥ 드레싱이나 소스 보트는 왼쪽에서 서비스

⑦ 빵을 바구니에 담아 서비스할 때는 식탁 중앙에

⑧ 핑거 볼은 식탁 왼쪽 위에

⑨ 여자에게 먼저, 연장자에게 먼저 서비스

⑩ 주빈에게 먼저, 주최자에게는 마지막에 서비스

⑪ 디저트는 디저트용 기물과 잔 종류를 제외한 모든 기물을 완전히 치우고 깨끗이 정돈한 후 서비스

※ 나라별 관습이나 서비스 유형에 따라 조금씩 다르다.

3) 일식

① 도코노마(とこのま) 앞 중앙이 상석이다.

② 똑바로 앉는다.

③ 음식 씹는 소리를 내지 않도록 한다.

④ 밥은 적당량을 먹으며 국은 한번 더 요청해도 된다.

⑤ 밥을 다시 청할 때는 공기에 한 술쯤 남긴다.

⑥ 많이 먹고 남긴다는 뜻으로 전부 먹지 않는다. 그러나 허물없는 모임이라면 다 먹어도 좋다.

⑦ 밥이나 국은 받으면 일단 상위에 놓은 다음 먹는다.

⑧ 그릇의 뚜껑은 상의 왼쪽에 있는 것이면 왼쪽에, 오른쪽에 있는 것은 오른쪽에 놓는다. 즉, 밥공기의 뚜껑은 왼손으로 들고 오른 손을 대면서 왼쪽에, 국그릇 뚜껑은 오른손으로 들고 왼손으로 받쳐서 오른쪽에 놓는다.

⑨ 밥을 한 젓가락 먹고 밥공기를 상위에 놓고, 국그릇을 들고 한 모금 마신 다음, 국건더기를 한 젓가락 건져 먹고 국그릇을 상 위에 놓는다.

⑩ 밥을 한 젓가락 먹고 원하는 반찬을 먹는다. 이때 반찬은 한꺼번 에 이것저것 집어먹지 않고 반드시 밥으로 한번 돌아왔다 간다.

⑪ 술은 상대의 술잔에 조금 남아 있는 상태에서 더 부어 채워준다.

4) 중국식

① 출입문에서 떨어진 곳으로 입구가 잘 보이는 안쪽 중앙이 상석 이다.

② 한 접시의 요리를 둘러앉아 젓가락으로 덜어서 집어먹는 가정적 인 요리가 중국 요리다.

③ 여러 차례에 걸쳐 요리가 나오므로 처음부터 너무 많은 양을 먹

지 않도록 한다.

④ 탕 요리는 수저로 떠서 탕 그릇에 담고 흘리지 않도록 그릇을 들고 먹는다.

⑤ 젓가락으로 집을 수 있는 것은 큰 접시에서 자기 접시에 덜어 양념을 쳐서 먹는다.

⑥ 술은 새로운 요리가 나올 때마다 권하면서 요리를 먹는다.

⑦ 주빈에게 축배를 들 때는 앉은 채로 하는 것이 보통이다.

5) 테이블 매너의 나라별 유의 사항

① 미국에서는 아침(breakfast)과 점심(lunch) 사이에 먹는 "brunch"란 것이 있다.

② 미국에서는 점심은 간단히 하고 저녁을 풍성하게 먹는다.

③ 미국에서는 말고기를 먹지 않는다.

④ 미국의 커피

- 디카페(Decaffe) : 카페인을 제거한 커피. 상카(Sanka)라고도 함
- 레귤러(Regular) : 보통 커피
- 데미타스(Demitasse) : 블랙 커피라 함(외국인에게 혼동을 줌)

⑤ 앙트레(entrée)는 미국에서는 메인 코스(유럽에서는 스타팅코스)에 포함되어 있다. 따라서 앙트레를 무엇으로 하겠느냐고 물으면, 미국인은 메인코스를 무엇으로 하겠느냐고 묻는 줄 알 것이며 유럽인은 애피타이저(식욕 촉진제)를 무엇으로 하겠느냐

고 묻는 줄 알 것이다.

⑥ 미국인은 고기를 썰 때만 왼손으로 포크를 잡고, 썰고 난 뒤에는 오른손으로 옮겨 잡아 고기를 먹는다.

⑦ 미국에서는 식탁에서 식사할 경우 팔이나 팔꿈치를 식탁에 올려놓는 것을 결례라 생각하고 식사를 하지 않을 때에는 손을 무릎 위에 올려놓는 것이 예의라 생각한다. 그러나 독일에서는 이와 반대로 식사를 하지 않을 때라도 손을 무릎에 놓는 것은 실례라 생각한다.

⑧ 칵테일 아워(Cocktail Hour)란 미국에만 있다(식사 전 약 한 시간 동안 술을 즐기는 시간).

⑨ 영국에서는 "Afternoon Tea" 또는 "High Tea"를 하는데 Afternoon Tea란 저녁 때 작은 샌드위치나 과자류를 차와 함께 먹는 것을 말하고 High Tea란 계란이란 훈제 고기를 곁들인 것으로 Afternoon Tea보다 약간 무겁다.

⑩ 영국인이나 유럽인은 포크를 반드시 왼손으로 잡고 음식을 먹는다. 식사가 끝날 때까지 포크를 오른손으로 옮겨 잡지 않는다.

⑪ 영국이나 가나다에서는 냅킨 대신 서비에트(Serviette)란 단어를 쓴다. 냅킨은 기저귀를 의미하므로 식탁에서 사용하지 않는다.

⑫ 프랑스인은 아침 식사 때 상담을 원하지 않는다.

⑬ 프랑스에서는 식당에 애완견을 데리고 들어가도 되며 웨이터에

　　게 개를 먹여 달라고 부탁을 하는 것이 풍습

⑭ 이탈리아와 프랑스에서는 샐러드를 식후에 먹는다.

⑮ 세계에서 아침 식사에 꿀을 제일 많이 즐기는 민족은 독일인이다. 독일인 접대시 아침에 꿀을 내놓으면 특별한 대접을 받는다고 생각한다.

⑯ 회교도는 돼지고기를 금한다. 또한 돼지고기로 만든 음식(햄, 베이컨, 소시지)도 금식이며 술도 못 마시게 되어 있다.

⑰ 인도, 파키스탄, 방글라데시 등지의 사람들은 주로 채식을 즐긴다.

⑱ 독실한 유태인은 돼지고기나 갑각류(조개, 새우, 게 등)를 먹지 않는다. 또한 우유와 고기를 함께 서브하지 않는다.

⑲ 일본에서는 음식 모양을 맛이나 질만큼 중시한다.

⑳ 핀란드에서는 소금 병을 건넬 때 손에서 손으로 직접 건네주지 않는다. 옆으로 소금 병을 밀어 놓으면 다음 사람이 가져간다.

㉑ 대부분의 나라에서는 하루 세 끼 중 점심을 제일 풍성히 먹는다.

㉒ 멕시코에서는 점심 식사를 주로 오후 1시부터 4시 사이에 한다.

3. 국제 비즈니스 교제상 실수하지 않으려면

1) 국제 고객 접대 실수의 예

예 1 1998년 중국 구매단이 내슈빌 시를 방문했을 때 환영 만찬에 쇠갈비를 Rare(덜 익힌 것)로 대접하였다. 미국에서는 덜 익히는 것이 일반적인 관습으로 되어 있으나 중국인에게는 전혀 낯 설은 관습이었다.

예 2 그랜드 래핏 시 사무용 가구 제작 회사에서 일본의 중요 고객을 맞아 순은제 주머니칼을 선물했다. 일본 문화에서는 칼을 선물하는 것이 자살을 상징하므로 큰 실수를 한 셈이 되었다.

예 3 웨스트 버지니아 블루필드 시에서 서독 판매업자 부부동반 만찬에 열두 송이의 빨간 장미를 테이블에 장식하였다. 서독의 경우 짝수의 꽃송이는 불행을 상징하며 더구나 빨간 장미는 구애를 뜻하므로 마치 고객의 부인에게 구애를 한 것같이 되어 버렸다.

이상의 세 가지 일화는 사업의 성공을 가로막을 수도 있는 국제적인 에티켓(풍습·습관·의전·행동)을 설명한 것이다. 즉, 행동에 대한 국제간의 최신 지식을 갖추지 못한다면 성공을 위한 기본 조건을 갖추지 못한 것과 같다. 특히 2천 년대의 경영 책임을 맡을 임원은 국제인으로서 다양한 환경, 다양한 국가, 다양한 기능에 능동적으로 대처할 수 있는 능력을 갖춰야 한다. 그리고 사업 관계로 세계적인 실력자들이 방문했을 때 그들이 자기 집처럼 편안함을 느끼게 할 수 있어야 할 것이다.

2) 국제 교제 에티켓

① 일본인에게 선물할 때는 흰 종이로 포장하지 않는다. 흰색을 죽음의 색깔이라고 생각하기 때문이다.

② 한국이나 일본인에게 선물할 때 4개는 피한다. 서양에서 '13'이라는 숫자를 싫어하듯이 '4'자는 불행을 가져온다고 생각한다.

③ 중국인에게 괘종시계를 선물하지 않는다. 괘종시계란 단어에 장례식이란 뜻이 내포되어 있기 때문이다.

④ 홍콩 사람에게는 두 가지 선물을 하는 것이 한 가지 선물하는 것보다 좋다. 두 가지는 행운을 가져온다고 생각하기 때문이다.

⑤ 라틴 아메리카인에게 칼을 선물하는 것은 관계의 단절을 의미한다. 이러한 관념은 동전과 같이 선물하면 말소시킨다.

⑥ 중동에서는 손수건을 선물하는 것은 이별을 의미하므로 적합하지 않다.

⑦ 자줏빛 꽃은 멕시코와 브라질에서 죽음을 상징한다.

⑧ 흰 꽃은 일본에서 죽음을 상징한다.

⑨ 유럽에서 흰 국화는 죽음을 상징한다.

⑩ 유럽에서 짝수의 꽃은 불행을 가져온다고 생각한다. 따라서 홀수의 꽃송이로 하되 열 세 송이는 물론 피한다.

⑪ 독일인에게 꽃을 선물할 경우 포장은 하지 않는다.

⑫ 독일인에게 꽃을 짝수로 선물하지 않는다. 불행을 상징하기 때문이다.

⑬ 독일인에게 빨간 장미는 구애를 뜻한다.

⑭ 프랑스인에게 향수를 선물하는 것은 헛수고이다.

⑮ 중동인에게 몸을 일부라도 노출시킨 여인의 사진 또는 애완동물 사진 등은 선물로 적합하지 않다.

⑯ 일본인에게 칼은 자살을 상징하므로 선물하지 않는다.

⑰ 일본인에게 여우를 묘사한 선물은 '풍부함'을 의미하며 오소리를 묘사한 선물은 '교활'을 의미한다.

⑱ 일본은 엄격한 계급 사회이므로 계급 구별이 곤란할 때는 골동품(은쟁반·조각품·자개품)을 선물한다.

⑲ 독실한 교인(불교·힌두교·유대교·회교)에게는 금식 규칙을 따라 주도록 한다.

⑳ 브라질인에게는 "OK"라는 제스처를 취하지 않는다.

㉑ 일본인이나 대만인의 등뒤에서는 손뼉을 치지 않는다.

㉒ 라틴계 사람에게는 곧바로 상담을 시작하지 않는다.

㉓ 영국인에게 어떻게 먹고사느냐고 묻지 않는다.

㉔ 프랑스인에게 카네이션을 선물하지 않는다. 장례식에 많이 써서 불길한 꽃으로 생각하기 때문이다.

3) 국제 교제상 피해야 할 편견

① 라틴 문화권이라고 해서 모두 낮잠(시에스타)을 자지는 않는다.

② 손님의 본국 음식이 제공되는 민속 식당이 대접하는 데 가장 좋은 곳이라고 생각하지 말 것

③ 통역인이 당신의 말을 한 마디도 빼놓지 않고 전한다고 생각하지는 말아야 한다.

④ 악수는 항상 꼭 잡고 상대방을 주시하며 하는 것이라고 생각하지 말 것

⑤ 몸짓과 손짓이 반드시 효과적인 의사 소통은 아니다.

⑥ 독일인은 지나치게 유능하고 프랑스인은 낭만적이고 이탈리아인은 과시적이며 동양인은 수수께끼같이 불가사의하다고 생각하는 것은 착각이다.

4. 국제화 시대의 나라별 고객 접대시 유의 사항

1) 가나인(Ghanaian)

- 다양한 민족 단체에 유의
- 악수가 보통 인사
- 업무상으로는 약속이 철저하지만 가정에서는 대단히 관대
- 왼손의 제스처는 피한다.

2) 걸프 주민(Gulf Resident)

- 비공식 명칭으로 바레인, 쿠웨이트, 오만, 카타르, 아랍에미리트의 5개국을 칭한다.
- 각 주의 정치·문화의 차이를 아는 것이 중요하다.
- 전통적인 인사는 "Salaam alaykum!"
- 악수를 하며 "Kaif halak"라고 말한다.
- 신체 접촉(특히 인사)을 자주 한다.
- 시간 약속을 중요하게 생각한다.
- 페르시안 걸프에 거주하는 것이 아니라 아라비안 걸프어 거주

한다.

- 좋아하는 화제는 말, 사냥용 매, 가족

- 싫어하는 화제는 정치, 종교, 남성 위주 사회

3) 과테말라인(Guatemalan)

위   치 : 중앙아메리카의 북부에 위치하는 공화국.
국   명 : 정식명칭 과테말라공화국(Republica de Guatemala).
면   적 : 10만 8889㎢
인   구 : 1331만 4079(2002) / 인구밀도 122명/㎢
수   도 : 과테말라
주요언어 : 에스파냐어
종   교 : 카톨릭
통   화 : 퀘찰(Q), 1Q=100Centavo(s)
환   율 : 1달러=7.5865Q(2002.11)
국내총생산 483억 달러
          (2001) 1명당 3700달러
          무역수지 수출 29억 달러
          (2001) 수입 49억 달러

- 악수하며 "mucho gusto"라고 외친다.

- 악수는 관습적으로 살짝

- 친한 친구 사이에는 포옹하고 등을 두드린다.

- 직함은 대단히 중요

- 인도 문화가 다른 곳보다 많이 존재

- 부드럽게 이야기하는 것이 예의라 생각한다.

- 남자 손님이 주인의 오른쪽에 앉고 여자는 왼쪽에 앉는다.

- 상인은 시간을 잘 지킨다.

- 상담 전에 사교적 대화를 하는 것이 보편적

- 상담은 점심, 심지어 아침식사에서도 한다.

- 좋아하는 화제는 과테말라 지리, 역사, 문화

- 싫어하는 화제는 정치, 1987년의 폭동

4) 그리스인(Greek)

위   치 : 유럽 남동부, 발칸반도의 남단에 위치한 공화국.
정식명칭 : 그리스공화국(Hellenic Republic).
면   적 : 13만 1990㎢
인   구 : 1064만 5300(2002)
인구밀도 : 81명/㎢
수   도 : 아테네
주요언어 : 그리스어
종   교 : 그리스정교(국교)
통   화 : 유로(Euro)
환   율 : 1달러=0.9896E(2002.11)
국내총생산 1897억 달러
        (200) 1명당 1만 7900달러
        무역수지 수출 125억 달러
        (2001) 수입 303억 달러

- 어른을 존경

- 만날 때마다 악수, 포옹, 키스

- 시간 지키기는 필수적이 아니다.

- 사전약속은 필요하지 않지만 미리 약속을 하면 고맙게 생각한다.

- 매우 따뜻하고 친절하며 과시적

- 어떤 물건에 호기심을 보이면 그 물건을 선사한다.

- 점심이 중요한 식사

- 행복할 때 웃지만 너무 화가 났을 때도 웃는다.

- "No"할 때는 턱을 치켜들고 눈을 부릅뜬다.

- 좋아하는 화제는 스포츠, 음악, 정치, 그리스 문화

- 싫어하는 화제는 키프로스, 터키, 미국의 정치 외압

5) 나이지리아인(Nigerian)

위   치 : 서아프리카 동부에 있는 나라.
정식명칭 : 나이지리아연방공화국.
면   적 : 92만 3768㎢
인   구 : 1억 2993만 5000(2002)
인구밀도 : 140.6명/㎢
수   도 : 아부자
주요언어 : 영어(공용어)
종   교 : 이슬람교 · 그리스도교
통   화 : 나이라(N)

환   율 : 1달러=128.3N(2002.11)
국내총생산 : 1059억 달러
          (2001) 1명당 840달러
          무역수지 수출 203억 달러
          (2001) 수입 137억 달러

- 다양한 풍습과 문화를 인식하는 것이 중요
- 생활 양식이 다양
- 종교에 대한 논의는 금물
- 아프리카 정치를 논하는 것은 무방

6) 남아프리카인(South African)

위   치 : 아프리카 남쪽 끝의 인도양과 대서양에 접해 있는 공화국.
면   적 : 122만 1037㎢
인   구 : 4364만 7658(2002)
인구밀도 : 35.7명/㎢
수   도 : 프리토리아
주요언어 : 영어 · 아프리칸스어
종   교 : 그리스도교 · 힌두교 · 부족신앙
통   화 : 랜드(R), 1=100센트
환   율 : 1달러=9.755R(2002.11)
국내총생산 : 4120억 달러
          (2001) 1명당 9400달러
          무역수지 수출 323억 달러
          (2001) 수입 281억 달러

- 백인 문화(인구의 약 17%)는 네덜란드와 영국에서 유래

- 성취에 대하여 자부심을 갖고 있다.

- 백인은 분리주의자에 대하여 예민하고 방어적

- 약속 시간을 정확히 지킨다.

- 필수 광물의 세계적 원산지 역할에 대하여 자부심

- 다양한 언어를 구사하는 흑인이 다수 민족

- 좋아하는 화제는 스포츠, 자연미, 남아프리카의 자원

- 싫어하는 화제는 인종 문제, 보이콧

7) 네덜란드인(Dutch)

```
위        치 : 북서유럽의 입헌군주국.
정식명칭 : 네덜란드왕국(Koninkrijk der Nederlanden).
면        적 : 4만 1863km²
인        구 : 1606만 7754(2002)
인구밀도 : 383.8명/km²
수        도 : 암스테르담
주요언어 : 네덜란드어(공용어)
종        교 : 카톨릭교 · 네덜란드개혁파
통        화 : 유로(Euro)
환        율 : 1달러=0.9896E(2002.11)
국내총생산 : 4130억 달러
          (2001) 1명당 2만 5800만 달러
          무역수지 수출 2140억 달러
          (2001) 수입 1950억 달러
```

- 공식적으로는 네덜란드 왕국
- "Holland"라고 부르나 실은 하나의 주
- 시간관념 철저
- 참석한 사람에게는 어린이에게까지도 모두 악수하는 것이 보통이다
- 항상 자신을 소개한다. 그렇지 않으면 결례라 생각한다.
- 사업 제의에 과장이나 실수는 하지 않아야 한다.
- 값을 깎는 것은 피한다.
- 사업상의 선물은 포장을
- 쉽게 몸을 건드리지 않으며 육체적인 과시는 하지 않는다.
- 영토 개간, 예술, 역사, 가구에 대한 긍지가 있다.
- 좋아하는 화제는 정치, 여행, 스포츠
- 세계적으로 건실하고 정직한 무역인으로 존경받는다.
- 일반적으로 영어에 능통하며 다른 유럽 언어에도 능통

8) 노르웨이인(Norwegian)

위   치 : 북유럽의 입헌군주국.
정식명칭 : 노르웨이왕국 (Kongeriket Norge).
면   적 : 38만 6919㎢
인   구 : 452만 5100(2002)

> 인구밀도 : 11.7명/㎢
> 수   도 : 오슬로
> 주요언어 : 노르웨이어(공용어)
> 종   교 : 루터교(국교)
> 통   화 : 노르웨이크로네(NKr)   1NKr=100외르
> 환   율 : 1달러=7.2254NKr(2002.11)
> 국내총생산 1387억 달러
>   (2001) 1명당 3만 800달러
>   무역수지 수출 580억 달러
>   (2001) 수입 335억 만 달러

- 시간을 지키는 데 빈틈이 없고 정확하다.
- 미국인에 비하여 이름 부르는 것이 좀더 제한적이다.
- 성만 부르는 것이 보통
- 엄격한 음주운전법 때문에 '대리 운전제'는 노르웨이에서 비롯되었다.
- 역사와 문화에 자부심을 갖는다.
- 미국인을 수다스럽고 격식을 안 차린다고 생각한다.
- 스웨덴 사람을 덴마크 사람으로 동일하게 취급하는 것을 싫어하지만 수용한다.
- 다른 집을 방문할 때는 보통 주인에게 선물을 가져온다.
- 건배할 때 "스콜(Skoal)"이라고 한다.

- 좋아하는 화제는 겨울 스포츠, 취미, 바이킹의 전승

- 싫어하는 화제는 고용, 월급, 사회 문제

9) 뉴질랜드인(New Zealander)

위   치 : 남서태평양에 있는 섬나라. 오스트레일리아의 남동쪽으로 폭이
          약 2000㎞인 태즈먼해를 사이에 두고 있다.

면   적 : 26만 8680㎢

인   구 : 390만 8037(2002)

인구밀도 : 14.5명/㎢

수   도 : 웰링턴

주요언어 : 영어

종   교 : 영국국교회·장로교·카톨릭교

통   화 : 뉴질랜드 달러($NZ)

환   율 : 1달러=2.0139 $NZ(2002.11)

국내총생산 754억 5000만 달러

        (2001) 1명당 1만 9500달러

        무역수지 수출 142억 달러

        (2001) 수입 125억 달러

- 악수가 관습적인 인사

- 처음에는 격식을 차리지만 나중에는 그렇지 않다.

- 솔직하고 우정 어린 태도를 보이므로 좋은 손님이 된다.

- 오스트레일리아인으로 오인되는 것을 싫어한다.

- 큰소리로 말하는 것은 결례이고 자극적이라고 생각한다.

- 사업에서 계급이나 직함은 중요하지 않다.

- 좋아하는 화제는 럭비, 크리켓, 뉴질랜드에 관한 것

- 싫어하는 화제는 개인적 질문, 종교, 핵 문제

10) 니카라과인(Nicaraguan)

위   치 : 중앙아메리카 중앙에 있는 나라.
정식명칭 : 니카라과공화국(Republic de Nicaraqua). 면적 13만 1779㎢
인   구 : 502만 3818(2002)
인구밀도 : 38.1명/㎢
수   도 : 마나과
주요언어 : 에스파냐어(공용어)
종   교 : 카톨릭교
통   화 : 코르도바 오로
환   율 :1달러=14.5코르도바 오로(2002.11)
국내총생산 123억 달러
(2001) 1명당 2500달러
무역수지 수출 6억 950만 달러
(2001) 수입 16억 달러

- 인사할 때 웃으며 악수한다. 그리고 스페인어를 몇 마디 정도 구사한다.

- 남자의 기백이 일반화

- 만찬에 초청 받은 손님은 보통 꽃이나 사탕 같은 작은 선물을 가져온다.

- 나라가 분단되어 있으므로 정치에 대한 화제는 신중해야
- 불안정과 혼란의 기나긴 역사를 가지고 있다.
- 미국에 대한 화제를 꺼낼 때는 신중한 태도로
- 좋아하는 화제는 가정, 역사, 문화
- 싫어하는 화제는 빈곤, 정치, 종교

11) 대만인(Taiwanese or Republic of Chian)

위   치 : 중국 대륙 동남해상에 160㎞ 떨어진 곳에 있는 섬. 타이완섬과 펑
          후제도(澎湖諸島)의 79개 섬과 기타 15개의 섬으로 이루어져 있다.
정식명칭 : 중화민국(Republic of China).
면   적 : 3만 5980㎢
인   구 : 2254만 8000(2002)
인구밀도 : 626.6명/㎢
수   도 : 타이베이
주요언어 : 중국어
종   교 : 도교·불교·그리스도교
통   화 : 신타이완달러(NT $)
환   율 : 1달러=31.395NT $(1999.12)
국내총생산 3860억 달러
        (2001) 1명당 1만 7200달러
        무역수지 수출 1220억 달러
        (2001) 수입 1090억 달러

- 1949년 혁명 전에는 중국의 한 도였다.

* 국수주의 중국인이다.

* "다른 중국"이란 "중국 본토"를 말한다.

* 서방 세계 사람들에게 친절하며 대부분 영어를 구사한다.

* 2개 국어로 된 명함을 흔히 사용

* 거의가 미국식 성을 만들어 사용

* 인내, 겸손, 존경을 대단히 중시

* 사업에서 친밀한 개인 우정을 중시

* 건배(乾杯)를 "깐빼이!"라 한다.(술잔을 비운다는 뜻으로 먼저 깐빼이를 제청한 사람에게 마시고 비운 잔을 보여주어야 한다. 만약 반잔만 마시고 싶을 때는 그 사람에게 왼손에 잔을 들고 오른손 검지로 마실 양만큼 짚어 양해를 받고 건배 뒤에는 그 양을 보여준다. 우리의 건배와는 전혀 다른 의미를 갖는다.)

* 선물이 일반화되어 있고 고가품 선물을 하기도 한다.

* 좋아하는 화제는 대만에 있는 중국 고대 유물, 음식, 예술

* 싫어하는 화제는 정치, 통상 마찰, 밀수

12) 덴마크인(Danish)

위   치 : 유럽 북서부에 위치하는 입헌군주국.
정식명칭 : 덴마크왕국(Kongeriget Danmark)이다.
면   적 : 4만 3077㎢
인   구 : 536만 8900(2001) / 인구밀도 :124.6명/㎢
수   도 : 코펜하겐

주요언어 : 덴마크어
종   교 : 루터교(프로테스탄트교 95%)
통   화 : 덴마크크로네(DKr)
환   율 : 1달러=7.3494DKr(2002.11)
국내총생산 1498억 달러
        (2001) 1명당 2만 8080달러
        무역수지 수출 524억 7700만 달러
        (2001) 수입 441억 만 달러

- 시간 약속을 매우 중요하게 여긴다.
- 남자와 여자, 심지어는 아이들간에도 악수가 보통이다.
- 축배시 "스콜(Skoal)"이라고 하는 것이 보통
- 주빈은 주인의 왼쪽에 앉는다.
- 주빈이 축배 제의를 하길 바란다.
- 식사를 천천히 길게 하며 많은 대화를 좋아한다.
- 택시 운전사나 웨이터에게 팁을 잘 주지 않는다.
- 춤추는 도중에 가로막는 것은 큰 실수이다.
- 의장에 대한 칭찬은 개인적이고 이상한 것으로 간주한다.
- 노르웨이인이나 스웨덴인으로 혼동되는 것을 싫어한다.
- 국교는 루터교인데 많이 참가하지 않는다.
- 보통, 감정을 나타내지 않는다.
- 뒤에서 손뼉 치거나 건드리지 않는다.
- 형식보다는 실속을 중요하게 여긴다.

- 좋아하는 화제는 음식, 덴마크 문화, 현재의 사건

- 싫어하는 화제는 종교나 수입과 같은 개인 문제

13) 독일인(German)

위　　치 : 유럽 중북부에 있는 나라. 알프스산맥 외곽 능선에서 중위산지
　　　　북독일 저지를 가로질러 펼쳐져 있다.
면　　적 : 35만 7042㎢
인　　구 : 8325만 1851(2002)
인구밀도 : 233명/㎢
수　　도 : 베를린
주요언어 : 독일어
종　　교 : 프로테스탄교 · 카톨릭
통　　화 : 유로(Euro)
환　　율 : 달러=0.9896E(2002.11)
국내총생산 2조 1740억 3400만 달러
　　　　(2001) 1명당 2만 6200달러
　　　　무역수지 수출 5607억 달러
　　　　(2001) 수입 4729억 달러

- 굳은 악수(때로는 꽉 잡는다)가 일반적

- 상대방이 원하기 전에는 이름을 부르지 않는다.

- 사업 거래에서 계급을 중요시

- 시간 관념은 매우 철저

- 경제 부흥에 자부심을 갖는다.

- 북부 독일인은 보수적이고 유보적이며 남부 독일인은 사교적
- 호주머니에 손을 넣는 것은 결례
- 이름을 밝히며 전화를 받는다.
- 상담은 식사 후에 한다.
- 식사중에는 손을 무릎에 올려놓지 않는다.

14) 러시아인(Russian)

위   치 : 유럽에서 아시아에 이르는 옛 소련 영토의 대부분을 차지하는
         국가.
정식명칭 : 러시아연방(Rossiyskaga Federatsiya).
면   적 : 1707만 5000㎢
인   구 : 1억 4466만 4000(2001)
인구밀도 : 8명/㎢
수   도 : 모스크바
주요언어 : 러시아어
종   교 : 러시아정교 · 이슬람교 · 그리스도교
통   화 : 루블
환   율 : 1달러=31.825루블(2002.11)
국민총소득 2410억 2700만 달러
         (2000) 1명당 1660달러
         무역수지 수출 746억 6300만 달러
         (1999) 수입 404억 2900만 달러

- 악수로 인사하며 이름을 밝힌다.
- 친구간에는 포옹과 볼에 키스

- 좋은 선물은 청바지, 만년필, 음악 앨범, 도서
- 많은 사람이 약간의 영어를 한다.
- 최고의 화제는 경계 개혁과 개방 문제

15) 레바논인(Lebanese)

위   치 : 서아시아 서부, 지중해 동안(東岸).
정식명칭 : 레바논공화국(Al-Jumhrya al-Lubnnya).
면   적 : 1만 400㎢
인   구 : 367만 7780(2002)
인구밀도 : 353.6명/㎢
수   도 : 베이루트
주요언어 : 아라비아어
종   교 : 이슬람교 · 그리스도교
통   화 : 레바논파운드(£L)
환   율 : 1달러=1514£L(2002.11)
국내총생산 188억 달러
        (2000) 1명당 5200달러
        무역수지 수출 7억 달러
        (2001) 수입 66억 달러

- 약속 시간 지키는 데 소홀한 편
- 반은 기독교인이고 반은 회교도인
- 세계 무역의 계통을 이어 받았다.
- 식사 후에 상담하기를 원한다.

- 환대는 레바논인의 무언의 규칙

- 영어, 불어, 아랍어가 통용 언어

- 내전 이전에는 중동의 스위스였다.

- 좋아하는 화제는 사업, 교육

- 싫어하는 화제는 정치, 종교, 섹스, 이스라엘 관계

16) 루마니아인(Rumanian)

위   치 : 유럽 남동부 발칸반도의 북동쪽에 있는 국가.
면   적 : 23만 7500km^2
인   구 : 2231만 7700(2002)
인구밀도 : 93.9명/km^2
수   도 : 부쿠레슈티
주요언어 : 루마니아어
종   교 : 루마니아정교
통   화 : 레이(단수형은 레우)
환   율 : 1달러=3만 3587(2002.11)
국내총생산 1527억 달러
　　　　(2001) 1명당 6800달러
　　　　무역수지 수출 115억 달러
　　　　(2001) 수입 144억 달러

- 관습적으로 악수가 인사

- 시간 지키기를 중요시

- 아주 친한 친구 사이에만 이름을 부른다.

- 미국인에게 호기심을 갖고 있으며 수입이 얼마나 되는지 묻기도 한다.
- 좋은 선물은 만년필, 라이터, 향수, 커피
- 좋아하는 화제는 스포츠, 여행, 음악, 의상, 도서
- 싫어하는 화제는 러시아에 대한 태도, 공산주의 경제

17) 룩셈부르크인(Luxembourger)

```
위    치 : 유럽 중부에 있는 입헌군주국. 정식 명칭은 룩셈부르크대공국.
면    적 : 2586km²
인    구 : 44만 8569(2001)
인구밀도 : 173.4명/km²
수    도 : 룩셈부르크
주요언어 : 룩셈부르크어·독일어·프랑스어
종    교 : 카톨릭교
통    화 : 유로(Euro)
환    율 : 1달러=0.9896E(2002.11)
국내총생산 192억 달러
        (2001) 1명당 4만 3400달러
        무역수지 수출 78억 5000만 달러
        (2000) 수입 102억 5000만 달러
```

- 성취한 데 대하여 인정받는 것을 좋아한다.
- 벨기에, 네덜란드, 룩셈부르크 3국간의 관계협정을 준수한다.
- 시간 지키기를 중요하게 여긴다.

- 불어와 독일어를 사용하나 국어는 룩셈부르크어
- 좋아하는 화제는 역사, 국가의 독립
- 싫어하는 화제는 반카톨릭, 내부 정치

18) 리비아인(Libyan)

위   치 : 아프리카 북부 지중해의 시드라만 주변에서 사하라사막에 걸쳐
         있는 공화국.
정식명칭 : 리비아아랍사회주의인민공화국(al-Jamh-rya al-'Arabiya al-Libiya
         al-Sha'bya al-Ishtirkya).
면   적 : 175만 9540㎢
인   구 : 536만 8000(2002)
인구밀도 : 3.05명/㎢
수   도 : 트리폴리
주요언어 : 아라비아어
종   교 : 이슬람교
통   화 : 리비아디나르(LD)
환   율 : 1달러=1.2479LD(2002.11)
국내총생산 400억 달러
         (2001) 1명당 7600달러
         무역수지 수출 131억 달러
         (2001) 수입 87억 달러

- 경제는 거의 국가 관리
- 서방과의 정치적 관계는 초긴장 상태
- 강력한 군사적·종교적 태도를 갖고 있다.

- 다른 면은 중동 사람과 비슷하다.

19) 말레이시아인(Malaysian)

> 위　치 : 동남아시아의 입헌군주국. 말레이반도 남부의 말레이시아 본토와
> 　　　　보르네오섬 북안(北岸)의 사바·사라와크의 2주(州)로 되어 있고,
> 　　　　연방제(Federation Malaysia)를 채택하고 있다.
> 면　적 : 32만 9750㎢
> 인　구 : 2266만 2365(2002)　/ 인구밀도 : 68.7명/㎢
> 수　도 : 쿠알라룸푸르
> 주요언어 : 말레이어·중국어·타미르어
> 종　교 : 이슬람교(국교)·힌두교·불교
> 통　화 : 링기트(M$)
> 환　율 : 1달러=3.7995M$(2002.11)
> 국내총생산 2000억 달러
> 　　　(2001) 1명당 9000달러
> 　　　무역수지 수출 944억 달러
> 　　　(2001) 수입 769억 달러

- "말레지안" 또는 "말라야스"가 정확한 표현
- 주 민족은 중국계나 인도계가 아니라 말라야 민족이다.
- 서구를 방문할 때에는 악수가 일반적
- 자기들끼리는 손바닥을 밖으로 잡고 손가락을 건드린다.
- 말레이시아어 다음으로 영어가 사용된다.
- 신체 접촉이 보편적이고 특히 머리 꼭대기를 건드린다.

- 음식을 먹을 때나 사람이나 물건을 만질 때 오른손을 사용한다.
- 사업상의 결정은 천천히
- 좋아하는 화제는 손님의 사업, 사회적 성취
- 싫어하는 화제는 생활 수준을 서구와 비교하는 것

20) 멕시코인(Mexican)

```
위      치 : 북아메리카대륙 남부의 연방공화국.
정식명칭 : 멕시코합중국(Estados Unidos Mexi- canos).
면      적 : 197만 2547㎢
인      구 : 1억 340만 165(2002)
인구밀도 : 52.4명/㎢
수      도 : 멕시코시
주요언어 : 에스파냐어
종      교 : 카톨릭교(96%)
통      화 : 멕시코페소
환      율 : 1달러=10.316멕시코페소(2002.11)
국내총생산 9200억 달러
        (2001) 1명당 9000달러
        무역수지 수출 1590억 달러
        (2001) 수입 1680억 달러
```

- 악수가 보편화
- 오랜 친구 사이에는 포옹을 하며 여자는 볼에 키스
- 시간 관념은 엄격하지 않다.

- 점심이 주된 식사이며 오후 1시에서 4시 사이에 한다.
- 자주색은 죽음의 색
- 원하기 전에는 이름을 부르지 않는다.
- 직함은 중요하다.
- 엉덩이에 손을 얹는 것은 도전을 뜻한다.
- 주머니에 손 넣는 것은 결례
- 좋아하는 화제는 멕시코 문화, 역사, 예술, 박물관
- 싫어하는 화제는 불법 체류인, 지진, 빈곤

21) 모로코인(Moroccan)

위　　치 : 아프리카 북서부에 있는 왕국.
정식명칭 : 모로코왕국(al-Mamlaka al-Maghribya).
면　　적 : 45만 8730㎢
인　　구 : 3116만 7700(2002)
인구밀도 : 67.9명/㎢
수　　도 : 라바트
주요언어 : 아랍어(공용어) · 베르베르어 · 프랑스어
종　　교 : 이슬람교(국교) · 그리스도교 · 유대교
통　　화 : 디르함(DH)
환　　율 : 1달러=10.4269디르함(2002.11)
국내총생산 1120억 달러
　　　　(2001) 1명당 3700달러
　　　　무역수지 수출 82억 달러
　　　　(2001) 수입 124억 달러

- 악수가 관습

- 친한 친구 사이에는 남자나 여자가 볼에 키스한다.

- 시간 관념이 희박하다.

- 객관성을 존중한다.

- 좋아하는 화제는 역사, 문화

- 싫어하는 화제는 중동 긴장, 종교적 열정

22) 모잠비크인(Mozambiquen)

```
위     치 : 아프리카 남동부 인도양에 면해 있는 나라.
정식명칭 : 모잠비크공화국(Republica de Monambique)
면     적 : 80만 1590㎢
인     구 : 1960만 7519(2002)
인구밀도 : 24.4명/㎢
수     도 : 마푸토
주요언어 : 포루투갈어
종     교 : 카톨릭·이슬람교·부족종     교 :
통     화 : 메티칼(Mt)
환     율 : 1달러=2만 3347.5Mt(2002.11)
국내총생산 175억 달러
       (2001) 1명당 900달러
       무역수지 수출 7억 4600만 달러
       (2001) 수입 12억 5400만 달러
```

- 이름은 드물게 사용한다.

- 전문적인 직함은 꼭 있어야 한다.

- 좋아하는 화제는 역사, 문화

- 싫어하는 화제는 정치, 종교 분쟁

23) 미국인(American from the United States)

위   치 : 북아메리카대륙 중앙부를 차지하는 48주와 알래스카 · 하와이
          2주로 구성된 연방제공화국.
정식명칭 : 아메리카합중국. 약칭은 USA.
면   적 : 938만 4677㎢
인   구 : 2억 8056만 2489(2002)
인구밀도 : 31명/㎢
수   도 : 워싱턴
주요언어 : 영어
종   교 : 프로테스탄트교 · 카톨릭 · 유대교
통   화 : 달러(US $)
환   율 : 1달러=100센트
국내총생산 10조 820억 달러
          (2001) 1명당 3만 6300달러
          무역수지 수출 7230억 달러
          (2001) 수입 1조 1480억 달러

- 눈을 똑바로 쳐다보고 굳은 악수를 한다.

- 남자와 인사할 때 포옹이나 키스는 피한다.

- 일반적으로 시간을 잘 지키며 중요시한다.

- 사업에서는 시간을 절약한다. '시간은 돈'이라는 생각으로 곧 상담에 들어간다.
- 이름을 곧바로 부른다.
- 점심은 가볍게 하고 저녁을 주된 식사로 한다.
- 아침 식사를 겸한 회의도 기획한다.
- 타국어는 잘 사용하지 않으며 미국식 은어(전문 용어)를 대부분 사용한다.
- 선물 교환은 보통 상징적인 것으로 한다.
- 사업상 손님을 자주 집에 초청하여 접대하는 것을 즐긴다.
- 좋아하는 화제는 스포츠, 가정, 사업
- 싫어하는 화제는 미국의 권력 지배

24) 방글라데시인(Bangladesh)

위   치 : 인도반도 북동쪽 끝에 있는 나라.
정식명칭   방글라데시인민공화국(Gana Prajtantr Bnglde).
면   적 : 14만 4000㎢
인   구 : 1억 3337만 6684(2002)
인구밀도 : 926명/㎢
수   도 : 다카
주요언어 : 벵골어

```
종    교 : 이슬람교 · 힌두교
통    화 : 방글라데시 다카(Tk)
환    율 : 1달러=58.1615Tk(2002.11)
국내총생산 2300억 달러
         (2001) 1명당 1750달러
         무역수지 수출 66억 달러
         (2001) 수입 87억 달러
```

- 남자는 악수를 하고 여자는 끄덕인다.

- 소수 민족 힌두족은 손을 합장하는 것으로 인사한다.

- 상인은 모두 영어를 구사한다.

- 시간을 잘 지킨다.

- 본래 파키스탄의 일부이다.

- 독실한 회교도

- 음식을 먹을 때 오른손을 사용한다.

- 엄지손가락 제스처는 결례

- 대화시 국가나 정부에 대한 비평은 피한다.

- 사업상 여행객은 여행과 직업에 대하여 얘기하는 것을 즐긴다.

25) 베네수엘라인(Venezuelan)

위   치 : 남아메리카 북쪽 끝에 있는 나라.
정식명칭 : 은 베네수엘라공화국(Repblia de Venezuela).
면   적 : 91만 2050㎢
인   구 : 2428만 7670(2002)
인구밀도 : 26.6명/㎢
수   도 : 카라카스
주요언어 : 에스파냐어
종   교 : 카톨릭
통   화 : 베네수엘라 볼리바르(Bs)
환   율 : 1달러=1375.5(2002.11)
국내총생산 1462억 달러
        (2001) 1명당 6100달러
        무역수지 수출 295억 달러
        (2001) 수입 184억 달러

- 남녀 모두가 악수가 일반적인 인사

- 친한 친구는 포옹하며 여자는 볼에 키스한다.

- 대화할 때 가까이 선다.

- 사업에는 시간 관념이 뚜렷하고 잡담은 되도록 적게 한다.

- 직함을 중요시

- 손님은 주인에게 꽃이나 사탕을 선물

- 나라꽃은 난초

- 손님은 테이블 머리에 앉지 않는다.

- 좋아하는 화제는 사업, 예술, 문학, 역사

- 싫어하는 화제는 지방의 불안정, 인플레이션, 정치

26) 벨기에인(Belgian)

위   치 : 유럽 북서부의 입헌군주국.
정식명칭 : 벨기에왕국(Koninkrijk Belgi).
면   적 : 3만 519km²
인   구 : 1027만 4595(2002)
인구밀도 : 336.6명/km²
수   도 : 브뤼셀
주요언어 : 프랑스어 · 네덜란드어 · 독일어
종   교 : 카톨릭
통   화 : 유로(Euro)
환   율 : 1달러=0.9896E(2002.11)
국내총생산 2677억 달러
        (2001) 1명당 2만 6100달러
        무역수지 수출 1603억 달러
        (2001) 수입 1540억 달러

- 사생활을 중요시한다.

- 만나고 헤어질 때의 인사는 악수가 보통

- 친한 친구에게만 이름을 부른다.

- 벨기에인이나 또는 가까운 외국 친구와 포옹한다.

- 벨기에인이나 가까운 외국 친구에게는 볼에 키스한다.

   (양쪽 볼을 번갈아 가며 세 번)

- 시간 엄수

- 네덜란드에 대하여 농담을 한다.

- 대단한 미식가이며 좋은 음식을 찬양한다.

- 프랑스 사람으로 오인되는 것을 싫어한다.

- 나라의 반은 네덜란드와 비슷한 방언을 쓴다.

- 불손을 나타낼 때에는 손가락을 물거나 손을 주머니에 넣는다.

- 좋아하는 화제는 축구, 바이킹, 역사

- 싫어하는 화제는 프랑스어와 플라망어와의 대립 관계

27) 벨리즈인(Belizean)

위   치 : 중앙아메리카 유카탄반도 남동부에 있는 나라. 북쪽은 멕시코, 서
         쪽과 남쪽은 과테말라와 접하고, 동부는 카리브해에 면하고 있다.
면   적 : 2만 2960km²
인   구 : 26만 2999(2002)
인구밀도 11.4명/km²
수   도 : 벨모판
주요언어 : 영어 · 에스파냐어
종   교 : 카톨릭 · 영국국교회
통   화 : 벨지즈 달러(BZ $)
환   율 : 1달러=1.97BZ $ (2002.11)
국내총생산 8억 3000만 달러
         (2001) 1명당 3250달러
         무역수지 수출 2억 3960만 달러
         (2001) 수입 5억 500만 달러

- 악수가 보편적

- 시간 약속은 예외적으로 사업의 경우에만 철저하다.

- 영어가 공식어이나 스페인어가 보편적

- 직함을 중시한다.

- 음식을 거절하는 것은 결례

- 접시를 앞으로 밀면 식사를 마쳤다는 의미

- 좋아하는 화제는 마야문명, 산호와 벨리즈의 정글

- 싫어하는 화제는 종교, 정치, 인종

28) 볼리비아인(Bolivian)

위   치 : 남아메리카 중서부에 있는 나라.
정식명칭 : 볼리비아공화국(Republica de Bolivia).
면   적 : 109만 8581㎢
인   구 : 844만 5134(2002)
인구밀도 : 7.6명/㎢
수   도 : 수크레
주요언어 : 에스파냐어
종   교 : 카톨릭
통   화 : 볼리비아노(Bs)
환   율 : 1달러=7.4016Bs(2002.11)
국내총생산 214억 달러
        (2001) 1명당 2600달러
        무역수지 수출 12억 달러
        (2001) 수입 15억 달러

- 대화중 눈을 바라보는 것이 중요하다.
- 직함을 중요시한다.
- 주식은 한낮에
- 차와 케이크를 4시에 들고 9시에 반복한다.
- 저녁 식사는 9시경에
- 공항, 호수, 수도는 볼리비아가 최고
- 좋아하는 화제는 자동차 경주, 축구, 가족, 음식
- 싫어하는 화제는 빈곤, 칠레, 정치 문제

29) 불가리아인(Bulgarian)

정식명칭 : 부가리아 인민공화국(Republica of Bulgaria).
면   적 : 11만 912㎢
인   구 : 898만 (91년)
수   도 : 소피아(Sofia)
주요언어 : 불가리아어
종   교 : 카톨릭, 개신교, 이슬람교, 불가리아정교
통   화 : 레브(L, 복수는 leva)
환   율 : 1달러=23.381레바(2002)

- 악수를 자주 한다.
- 대다수는 영어를 사용하지 않으며 독일어와 러시아어를 흔히 사용한다.
- 사전에 약속을 확실하게 하며 시간을 매우 잘 지킨다.
- 식사시 고기 국물이나 소스를 빵으로 닦아 낸다.

- 방문할 때는 꽃이나 과자 또는 포도주를 선물
- 머리를 끄덕이는 것은 "No"이며 머리를 옆으로 흔드는 것은 "Yes"이다.
- 좋아하는 화제는 가정, 가정 생활, 직업
- 싫어하는 화제는 정치와 불가리아의 사회 조건

30) 브라질인(Brazilian)

위   치 : 남아메리카 중앙부.
정식명칭 : 브라질연방공화국(Republica Feder- atve do Brasil).
면   적 : 851만 1965km²
인   구 : 1억 7602만 9560(2002)
인구밀도 : 20.6명/km²
수   도 : 브라질리아
주요언어 : 포르투갈어
종   교 : 카톨릭
통   화 : 레알(rsal)
환   율 : 1달러=3.5075레알(2002.11)
국내총생산 1조 3400억 달러
        (2001) 1명당 7400달러
        무역수지 수출 578억 달러
        (2001) 수입 577억 달러

- 악수가 보편적이며 때로는 길게 한다.
- 팔과 팔꿈치를 만지는 것이 보통이며 등을 만지기도 한다.
- 이름을 가끔 부르며 직함을 중요시한다.

- 음악과 활기찬 대화를 오래 즐긴다.

- 말할 때 끼여드는 것을 간섭이 아니라 열정으로 본다.

- 농담과 격식 없는 우정을 즐긴다.

- "OK"를 손짓으로 하는 것은 결례

- 주 음시은 한낮에

- 정식으로 접대할 때 말고는 밤에는 가벼운 식사

- 커피의 원산지

- 브라질에서는 식당에서 대접하는 것이 일반적

- 좋아하는 화제는 정치, 축구, 가정, 아이들

- 싫어하는 화제는 아르헨티나, 정치, 빈곤, 종교

31) 사모아인(Samoan)

위   치 : 남태평양 중부 폴리네시아의 서쪽 끝에 있는 섬나라.
정식명칭 : 사모아독립국(Independent State of Samoa).
면   적 : 2934km²
인   구 : 17만 8600(2002)
인구밀도 : 60.8명/km²
수   도 : 아피아
주요언어 : 사모아어 · 영어
종   교 : 그리스도교 · 카톨릭
통   화 : 탈라(Tala)
환   율 : 1달러=3.01Tala(1999.9)
국내총생산 6억 1800만 달러

> (2001) 1명당 3500달러
>
> 무역수지 수출 1700만 달러
>
> (2000) 수입 9000만 달러

- 사업회의 전에 공식 인사를 교환한다.

- 감정을 잘 나타낸다.

- 선물 교환은 보편적

- 다리로 방의 중앙을 가리키지 않는다.

- 좋아하는 화제는 문화, 역사

- 싫어하는 화제는 미국의 원조, 정치적 지배

32) 사우디아라비아인(Saudi Arabian)

위   치 : 아시아대륙 남서단에 있고 아라비아반도의 4/5를 차지하는 왕국.
정식명칭 : 사우디아라비아왕국(Al-Mamlaka al-'Arav ya as-Sa'dya)
면   적 : 215만㎢
인   구 : 2102만 8000(2001)
인구밀도 : 10명/㎢
수   도 : 리야드
주요언어 : 아랍어
종   교 : 이슬람교(수니파계)
통   화 : 사우디리알(SRls)
환   율 : 1달러=3.7506SRls(2002.11)
국내총생산 2410억 달러
         (2001) 1명당 1만 600달러
         무역수지 수출 669억 달러
         (2001) 수입 297억 달러

- 인사는 정성스럽게

- 악수는 팔과 어깨를 건드리며

- 몇 번 방문 후에는 남자끼리도 포옹하는 인사

- 고급 선물을 즐긴다.

- 종교와 금식 법칙에 엄격

- 남자는 부인과 외국은 함께 다니지만 국내에서는 동반하지 않음

- 장기적이고 친밀한 우정을 원한다.

- 판매나 마케팅 대표를 바꾸는 미국 사업 관습을 싫어한다.

- 애완 동물로 개는 싫어한다.

- 좋아하는 화제는 역사, 문화, 회교도의 신념에 대한 존경

- 싫어하는 화제는 모독적 언동, 이스라엘, 여성의 역할, 성적 농담

33) 세네갈인(Senegalese)

위　　치 :	서아프리카 서쪽 끝에 있는 나라.
정식명칭 :	세네갈공화국.
면　　적 :	19만 7000㎢
인　　구 :	966만 2000(2001)
인구밀도	49명/㎢
수　　도 :	다카르
주요언어 :	프랑스어 · 올로프어
종　　교 :	이슬람교 · 그리스도교 · 전통종교
통　　화 :	CFA프랑(CFAF)

> 환   율 : 1달러=653.785CFAF(2002.11)
> 국내총생산 162억 1400만 달러
>   (2001) 1명당 1580달러
>   무역수지 수출 10억 달러
>   (2001) 수입 13억 달러

- 소개받을 때 악수한다.

- 시간 지키기는 관대하다.

- 회교가 보편화되어 있다.

- 좋아하는 화제는 국가의 성취, 문화

- 싫어하는 화제는 종교, 국가 지도자

34) 스리랑카인(Sri Lankan)

> 위   치 : 인도반도 남동쪽 인도양에 있는 실론섬으로 이루어진 나라.
> 정식명칭 : 스리랑카민주사회주의공화국(Sri Lanka Prajatantrika Samajavadi
>   Janarajaya).
> 면   적 : 6만 5610㎢
> 인   구 : 1957만 6783(2002)
> 인구밀도 : 298명/㎢
> 수   도 : 콜롬보
> 주요언어 : 싱할리어 · 타밀어
> 종   교 : 불교 · 힌두교
> 통   화 : 스리랑카루피(SLRe)
> 환   율 : 1달러=96.3SLRe(2002.11)

> 국내총생산 627억 달러
>   (2001) 1명당 3250달러
>   무역수지 수출 49억 달러
>   (2001) 수입 60억 달러

- 악수가 보편적인 인사
- 시간 지키기를 존중한다.
- 홍차가 국민차이다.
- 스리랑카는 원래 실론(Ceylon)이라 불렀던 곳이다.
- 계급에 따라 다른 종교적 제한이 있다.
- 주된 민족은 스리랑카인(불교도)
- 소수 민족은 타머리스(힌두교도)
- 사람을 소개할 때 흡연은 결례
- 보편적으로 영어를 구사한다.
- 왼손은 청결하지 못하다고 생각한다.
- 머리를 끄덕이는 것은 "No"이고 머리를 흔드는 것은 "Yes"
- 좋아하는 화제는 취미, 가족, 학교, 역사, 문화
- 싫어하는 화제는 민족 마찰, 계급 제도, 종교, 섹스

35) 스웨덴(Swede)

위　　치 : 유럽 북부 스칸디나비아 반도 동부를 차지하는 입헌군주국.
정식명칭 : 스웨덴왕국(Konu- ngriket Sverige).
면　　적 : 45만 km²
인　　구 : 883만 3000(2001)
인구밀도 : 20명/km²
수　　도 : 스톡홀름
주요언어 : 스웨덴어
종　　교 : 복음루터교
통　　화 : 스웨덴크로나(SKr)
환　　율 : 1달러=8.9605SKr(2002.11)
국민총소득 2407억 700만 달러
　　　　(2000) 1명당 2만 7140달러
　　　　무역수지 수출 847억 9500만 달러
　　　　(1999) 수입 685억 8900만 달러

- 보통 악수를 하지만 등은 두드리지 않는다.

- 덴마크인이나 노르웨이인과 식별되기를 좋아한다.

- 시간 약속은 철저하지만 상담은 서두르지 않는다.

- 처음에는 딱딱하고 지나치게 심각한 것 같다.

- 칭찬을 반기지 않는다. 자화자찬도 금물

- 식사시 보통 건배를 한다. 눈을 쳐다보며 "스콜(Skoal)!

- 사회적 발전, 역사, 문화에 대하여 자부심

- 선천적으로 대단히 낙천적

- 바이킹의 전통에 자부심

- 좋아하는 화제는 스웨덴의 높은 생활 수준, 스포츠

- 싫어하는 화제는 높은 세금, 2차대전중의 중립

36) 스위스인(Swiss)

위   치 : 유럽 중앙부에 있는 내륙국.
정식 명칭: 스위스연방(Schweizerische Eidgenossenschaft).
면   적 : 4만 1290㎢
인   구 : 730만 1994(2002) / 인구밀도 176.8명/㎢
수   도 : 베른
주요언어 : 독일어 · 프랑스어 · 이탈리아어
종   교 : 카톨릭 · 프로테스탄트
통   화 : 스위스프랑(SFr)
환   율 : 1달러=1.4485SFr(2002.11)
국내총생산 2260억 달러
        (2001) 1명당 3만 1100달러
        무역수지 수출 914억 달러
        (2001) 수입 914억 달러

- 3개 국어 사용 : 독일어, 불어, 이탈리아어
- 영어를 자유로이 구사하며 특히 사업가는 유창하게 구사한다.
- 독일, 프랑스, 이탈리아 등 3개국 문화의 영향을 받았다.
- 주를 "canton"이라 한다.
- 독립, 높은 생활 수준, 역사에 대하여 자부심
- 시간 지키기와 예절을 높이 평가
- 보수적이며 부를 자랑하는 것을 좋아하지 않는다.

- 남자는 모두 방위군 의무를 마친다.
- 꽃이나 과자 같은 개인과 관계없는 선물이 유행
- 일반적인 건배는 "To you health(건강을 위하여)!"
- 좋아하는 화제는 스포츠, 스위스의 전통, 여행, 정치
- 싫어하는 화제는 연령, 직업, 가정, 다이어트

37) 스페인인(Spanish)

```
위      치 : 유럽 남서부 이베리아반도에 있는 입헌군주국.
정식명칭 : 에스파냐왕국(Reino de Espaa).
면      적 : 50만 4782㎢
인      구 : 4007만 7200(2002)
인구밀도 : 79.4명/㎢
수      도 : 마드리드
주요언어 : 에스파냐어
종      교 : 카톨릭교
통      화 : 유로(Euro)
환      율 : 1달러=0.9896E(2002.11)
국내총생산 7570억 달러
        (2001) 1명당 1만 8900달러
        무역수지 수출 1186억 달러
        (2001) 수입 1505억 3800만 달러
```

- 주식은 점심으로 오후 1시 30분부터 4시 30분 사이에
- 저녁은 아주 늦게 하며 밤 10시나 새벽 2시 이후에

- 친한 남자들끼리는 스페인식 포옹이나 자연스런 포옹을
- 투우를 관람할 때만 시간을 지킨다.
- 상담에 들어가기 전에 가벼운 얘기를 많이 하기 좋아한다.
- 달리아꽃이나 국화꽃은 죽음과 관계가 있다.
- 말참견하여 이야기를 중단시키는데 결례가 아니라 열정 때문
- 좋아하는 화제는 스포츠, 여행, 역사, 정치
- 싫어하는 화제는 투우를 싫어하는 것, 종교, 가정, 직업

38) 시리아인(Syrian)

위   치 : 아시아에 있는 나라.
정식명칭 : 시리아 아랍 공화국(Al-Jumhrya al-'Arabya as-Srya).
면   적 : 18만 5180㎢
인   구 : 1751만 5814(2002)
인구밀도 : 94.5명/㎢
수   도 : 다마스쿠스
주요언어 : 아랍어
종   교 : 이슬람교·그리스도교
통   화 : 시리아파운드(£S)
환   율 : 1달러=48.8375£S(2002.11)
국내총생산 542억 달러
          (2001) 1명당 3200달러
          무역수지 수출 50억 달러
          (2001) 수입 40억 달러

- 악수와 포옹은 일반적인 인사

- 여자 친구 사이에는 볼에 키스를

- 시간 관념은 까다롭지 않다.

- 자기 나라 역사와 문화에 존경심 갖는 것을 고마워한다.

- 중동 정치와 연합 관계에 대한 화제는 피한다.

39) 싱가포르인(Singaporean)

위   치 : 동남아시아 남부 말레이반도 남쪽 끝에 있는 싱가포르섬과 그
          부속 섬들로 이루어진 나라.
정식명칭 : 싱가포르공화국,
면   적 : 692.7㎢
인   구 : 445만 2732(2002)
인구밀도 : 6428명/㎢
수   도 : 싱가포르
주요언어 : 영어 · 중국어 · 말레이어 · 타밀어
종   교 : 불교 · 그리스도교 · 이슬람교
통   화 : 싱가포르달러(S $)
환   율 : 1달러=1.7586S $(2002.11)
국내총생산 1063억 달러
          (2001) 1명당 2만 4700달러
          무역수지 수출 1220억 달러
          (2001) 수입 1160억 달러

- 서구식 악수가 보편적

- 명함은 공손하게 두 손으로 건넨다.

- 이름 발음에 특별한 주의를
- 시간을 반드시 지킨다.
- 모두 영어를 구사하며 화교들도 영어를 한다.
- 사실적이고 직설적이며 요점식으로 말한다.
- 사업상 선물은 보편적이지 않다.
- 사업상 오찬은 길고 격식을 차리지 않는다.
- 수입이 얼마나 되느냐는 등 노골적인 질문도 한다.
- 대체로 금연 사회
- 미국식 협상 방법을 뻔뻔스럽다고 생각한다.
- 다른 아시아국과는 달리 아침을 푸짐하게 먹는다.
- 사업상 여자도 동등하게 취급한다.
- 경제적으로 건강한 나라라는 것에 자부심을 갖고 있으며 나라가
  작다고 무시하는 것은 질색.

40) 아랍에미리트인(United Arab Emirate)

위   치 : 아라비아반도 동부 페르시아만 남쪽 연안의 7개 토후국으로 구성
           되어 있는 연방국가.
정식명칭 : 아랍에미리트연합(Dawla al-imra al-'A rabya al-Muttahida).
면   적 : 7만 7700㎢
인   구 : 244만 5989(2002)
인구밀도 : 31.4명/㎢
수   도 : 아부다비
주요언어 : 아라비아어
종   교 : 이슬람교
통   화 : 디르함(DH)

환   율 : 1달러=3.6729DH(2002.11)

국내총생산 510억 달러

      (2001) 1명당 2만 1100달러

      무역수지 수출 460억 달러

      (2000) 수입 340억 달러

- 7개 연방으로 구성되어 있다. 아부다비, 두바이, 사르자, 라스알 하이마, 알만, 움알카이와인, 푸자이라
- 각 연방의 지도자를 알아두는 것이 중요
- 관습이나 의전은 다른 중동 국가와 비슷.

41) 아르헨티나인(Argentine)

위   치 : 남아메리카 대륙 남부 대서양 연안의 공화국.

정식명칭 : 아르헨티나연방공화국(Repblica Argentina).

면   적 : 279만 1800km^2

인   구 : 3781만 2817(2002)

인구밀도 : 13.5명/km^2

수   도 : 부에노스아이레스

주요언어 : 에스파냐어

종   교 : 카톨릭

통   화 : 페소(Ps)

환   율 : 1달러=3.535Ps(2002.11)

국내총생산 : 4530억 달러

      (2001) 1명당 1만 2000달러

      무역수지 수출 265억 달러

      (2000) 수입 252억 달러

- 처음 만날 때 악수가 보통 인사
- 직함을 중시한다.
- 이탈리아어가 제2국어이고 독일어가 제3국어이다.
- 이탈리아, 독일, 영국, 스페인의 전통을 크게 받았다.
- 연안 쇠고기와 붉은 포도주가 국가 상징
- 식사를 오래 하고 대화는 일상적인 내용으로
- 칼과 포크를 열십자로 놓으면 식사를 다 했다는 뜻이다.
- 좋아하는 화제는 축구, 역사, 문화, 가정과 아이들
- 싫어하는 화제는 페론의 시대, 종교, 포클랜드와 이일랜드 분쟁

42) 아이보리 코스트인(Ivory Coast)

- 공식명은 Côte d'Ivoire
- 한때 프랑스의 지배를 받아서 그 영향을 받았다.
- 전통적으로 악수가 인사
- 공식어는 불어이나 영어가 매우 보편적
- 사전 약속을 하며 시간을 잘 지키지만 손님이 시간을 지키지 않아도 놀라지 않는다.
- 좋아하는 화제는 성취, 역사, 문화
- 싫어하는 화제는 정치, 산업 부족

43) 아이슬란드인(Icelander)

위   치 : 대서양 북부에 있는 공화국.
정식명칭 : 아이슬란드공화국(Iceland).
면   적 : 10만 3000㎢
인   구 : 27만 9400(2002)
인구밀도 : 2.7명/㎢
수   도 : 레이캬비크
주요언어 : 아이슬란드어
종   교 : 복음루터교
통   화 : 아이슬란드크로나(IKr)
환   율 : 1달러=85.78IKr(2002.11)
국내총생산 68억 5000만 달러
        (2000) 1명당 2만 4800달러
        무역수지 수출 20억 달러
        (2000) 수입 22억 달러

- 자기들끼리는 이름을 사용한다.

- 외국인에게는 성을 불러 주기를 원한다.

- 언어는 아이슬란드어(유럽에서 가장 오래된 언어)

- 방문할 때는 보통 작은 선물을

- 봉사료는 청구서에 포함되어 있으며 별도로 팁은 주지 않는다.

- 정치적으로 덴마크와 연합되어 있다.

- 어업이 주요 산업

- 좋아하는 화제는 범죄 추방, 역사, 문화

- 싫어하는 화제는 일기, 사회적 문제

44) 아이티인(Haitian)

```
위    치 : 서인도제도 중부.
정식명칭 : 아이티공화국(Rpublique d'Hati).
면    적 : 2만 7800㎢
인    구 : 706만 3722(2002)
인구밀도 : 254명/㎢
수    도 : 포르토프랭스
주요언어 : 프랑스어 · 크레올어
종    교 : 카톨릭
통    화 : 구르드(G)
환    율 : 1달러=31.4965G(2002.11)
국내총생산 : 120억 달러
          (2001) 1명당 510달러
          무역수지 수출 3억 2660만 달러
          (2001) 수입 9억 7750만 달러
```

- 악수가 관습적인 인사
- 불어와 중남미 방언을 사용
- 격식을 차리지 않는다.
- 좋아하는 화제는 음식, 지방 예술, 기후, 문화
- 싫어하는 화제는 지방 정치, 미국 내 피난민

45) 아일랜드 인(Irish)

위　　치 : 북대서양 아일랜드섬을 대부분 차지하고 있는 나라.
정식명칭 : 아일랜드공화국(Republic of Ireland).
면　　적 : 7만 km²(섬 전체 8만 4421km²).
면　　적 : 7만 882km²
인　　구 : 388만 (2002)
인구밀도 : 54.7명/km²
수　　도 : 더블린
주요언어 : 아일랜드어 · 영어
종　　교 : 카톨릭
통　　화 : 유로(Euro)
환　　율 : 1달러=0.9896E(2002.11)
국내총생산 1047억 달러
　　　　(2001) 1명당 2만 7300달러
　　　　무역수지 수출 759억 달러
　　　　(2001) 수입 495억 달러

- 시간 관념과 시간 엄수에 예민하지 않다.
- 사업적 선물을 하는 것은 일반적이지 않다.
- 영어를 자유롭게 사용하며 아일랜드어는 드물게 사용
- 정치나 종교에 대한 논의는 피한다.
- 영국 연방에서 독립한 나라로서 영국에 대해 민감한 반응을 보이기도 한다.
- 정서적으로 미국의 강력한 동맹국
- 아일랜드인은 영국 농담을 하며 영국인은 아일랜드 농담을 주로

한다.

- 술 마시기를 거절하거나 잔을 되받지 않는 것은 실례
- 좋아하는 화제는 자국의 아름다움, 문화, 스포츠, 일기
- 싫어하는 화제는 영국 이야기

46) 알제리인(Algerian)

위   치 : 아프리카대륙 북서부 지중해 연안에 있는 나라.
정식명칭 : 알제리민주인민공화국(Al-Jumhryah al-Jaz'iryah ad-Dmoqratyah ash-Sha ` byah).
면   적 : 238만 174km²
인   구 : 3227만 8000(2002)
인구밀도 : 13.5명/km²
수   도 : 알제
주요언어 : 아라비아어
종   교 : 이슬람교
통   화 : 알제리디나르(DA)
환   율 : 1달러=79.011DA(2002.11)
국내총생산 1770억 달러
        (2001) 1명당 5600달러
        무역수지 수출 200억 달러
        (2001) 수입 10억 달러

- 만나고 헤어질 때 악수가 보통
- 친한 친구간에는 양 볼에 키스
- 상담시에 이름은 사용하지 않는다.

- 전문적인(직업적인) 직함은 널리 사용된다.

- 시간 지키는 것은 관대한 편

- 상담은 잡담으로 시작

- 사업상 두 번째 방문할 때는 간단한 선물을

- 좋아하는 화제는 산업화, 토지 개혁

- 싫어하는 화제는 정치, 경제 난관

47) 영국인(English), 스코틀랜드인(Scot), 웨일스인(Welsh)

외　　치 : 유럽대륙 북서쪽 북대서양에 있는 입헌군주국.
정식명칭 : 그레이트브리튼 및 북아일랜드 연합왕국.
면　　적 : 24만 4110㎢
인　　구 : 5977만 8000(2002)
인구밀도 : 244.8명/㎢
수　　도 : 런던
주요언어 : 영어
종　　교 : 영국국교회
통　　화 : 파운드(£)
환　　율 : 1달러=0.6298£(2002.11)
국내총생산 1조 4700억 달러
　　　　(2001) 1명당 2만 4700달러
　　　　무역수지 수출 2870억 달러
　　　　(2001) 수입 3370억 달러

- 각 주마다 모두 개인적인 친숙을 좋아한다.

- 영국인은 다른 두 나라 사람보다 격식을 차린다.

- 의장, 사회, 사업에 대하여 보수적이다.
- 사업상 말을 억제하는 경향이 있다.
- 직함이나 명예를 매우 중요하게 여긴다.
- 가정에서 기르는 애완 동물을 무척 좋아한다.
- 약속은 사전에 하는 것이 원칙
- 시간 관념 철저
- 사생활을 존중하고 개인적인 질문은 피한다.
- 미국 습관인 이름 부르기와 가벼운 점심을 생활화
- 음식을 먹을 때 몇 초간 사양하는 것을 예의로 생각한다.
- 미국인보다는 서늘한 실내 온도에 익숙
- 줄무늬 넥타이는 군이나 학교 관계인을 나타낸다.
- 남녀 모두 악수는 일반적
- 영국인은 "당신을 환영한다."라는 말을 안 하는데 스코틀랜드인은 사용한다.
- 정식으로 소개받기까지는 새침을 떤다.
- 스코틀랜드인은 Scotsman이라고 부른다. Scotchman 또는 Scottish라고 부르지 않는다.
- 담배 피우는 사람은 누구에게나 담배를 권한다.
- 좋아하는 화제는 역사, 건축, 정원 가꾸기
- 싫어하는 화제는 종교, 북아일랜드, 돈, 가격

48) 에콰도르인(Ecuadorian)

위　　치 : 남아메리카대륙 북서부에 있는 나라.
정식명칭 : 에콰도르공화국(Repblica del Ecuador).
면　　적 : 28만 3561㎢
인　　구 : 1344만 7494(2002)
인구밀도 : 47.4명/㎢
수　　도 : 키토
주요언어 : 에스파냐어
종　　교 : 카톨릭교
통　　화 : 수크레(SI)
환　　율 : 1달러=11180SI(1999.9)
국내총생산 396억 달러
　　　　(2001) 1명당 3000달러
　　　　무역수지 수출 48억 달러
　　　　(2001) 수입 48억 달러

- 만나고 헤어질 때 악수가 보편적
- 남자 친구끼리 포옹하고 여자 친구 사이에는 키스를
- 이웃 페루와의 관계는 항상 팽팽하다.
- 여자의 열다섯 번째 생일은 중요한 의미를 갖는다.
- 주식은 한낮에 한다
- 좋아하는 화제는 가족, 문화, 역사
- 싫어하는 화제는 정치, 미국 정치의 영향

49) 엘살바도르인(El Salvadorian)

위　　치 : 중앙아메리카 태평양 연안에 있는 나라.
정식명칭 : 엘살바도르공화국(Repblica de El Salvador).
면　　적 : 2만 1041㎢
인　　구 : 635만 3681(2002)
인구밀도 : 301.9명/㎢
수　　도 : 산살바도르
주요언어 : 에스파냐어
종　　교 : 카톨릭교
통　　화 : 콜른(₡)
환　　율 : 1달러=8.747₡(2002.11)
국내총생산 284억 달러
　　　　(2001) 1명당 4600달러
　　　　무역수지 수출 29억 달러
　　　　(2001) 수입 50억 달러

- 악수가 보편적인 인사

- 어떤 사람은 만날 때 고개만 끄덕인다.

- 연장자에게는 직함이 대단히 중요하다.

- 신체 접촉이 미국보다 보편적

- 어떤 사람은 미국인이라고 자처한다.

- 가벼운 선물 교환을 한다.

- 좋아하는 화제는 역사, 지리, 문화, 가정

- 싫어하는 화제는 지방 정치, 종교

50) 오스트레일리아인(Australian)

위   치 : 오스트레일리아대륙 및 태즈메이니아섬을 주요영역으로 하는, 6
        주 2직할지구 연방.
정식명칭 : 오스트레일리아연방(Commonwealth of Australia).
면   적 : 768만 2300㎢
인   구 : 1954만 6792(2002)
인구밀도 : 2.5명/㎢
수   도 : 캔버라
주요언어 : 영어
종   교 : 카톨릭교 · 영국국교회
통   화 : 오스트레일리아달러(A $)
환   율 : 1달러=1.7669A $(2002.11)
국내총생산 4659억 달러
        (2001) 1명당 2만 4000달러
        무역수지 수출 688억 달러
        (2001) 수입 702억 달러

- 악센트를 가진 시카고인으로 불린다.

- 따뜻하고 우정적이며 격식을 안 차린다.

- 굳은 악수를 한다.

- 솔직하고 직선적으로 얘기하며 꾸미는 것을 싫어한다.

- 계급 구조나 차별을 싫어한다. 예를 들면 택시를 타더라도 혼자
  타면 운전사 옆에 같이 앉는다.

- 돈독한 개인 우정을 중시
- "단짝"이란 말을 자주 사용한다.
- 미국에 대하여 잘 알지만 아는 것이 별로 없는 것처럼 느껴진다.
- 반대를 부끄러워하지 않는다.
- 시간을 잘 지킨다.
- 긴장할 때도 농담을 잘한다.

51) 온두라스인(Honduran)

위　　치 : 중앙아메리카 중부.
정식명칭 : 온두라스공화국(Repblica de Honduras).
면　　적 : 11만 2088km^2
인　　구 : 656만 608(2002) / 인구밀도 : 58.5명/km^2
수　　도 : 테구시갈파
주요언어 : 에스파냐어
종　　교 : 카톨릭교
통　　화 : 렘피라(L)
환　　율 : 1달러=16.7735L(2002.11)
국내총생산 170억 달러
(2001) 1명당 2600달러
무역수지 수출 20억 달러
(2001) 수입 27억 달러

- 악수가 보편적
- 친한 친구 사이에는 포옹

- 남자가 우월하다는 생각이 지배적이다.
- 직함이나 직위가 이름 대신 불린다.
- 환대를 잘하는 것으로 알려져 있다.
- 선물은 필요 없으나 여자에게 할 경우에는 상징적인 것으로 하는 것이 좋다.
- 좋아하는 화제는 온두라스 역사, 문화, 가족
- 싫어하는 화제는 시국 불안정, 내부 정치

52) 요르단인(Jordanian)

```
위    치 : 서아시아 아라비아반도 북서부에 있는 나라.
정식명칭 : 요르단하심왕국(al-Mamlakat al-Urdunyat al-Hshimya).
면    적 : 9만 7470㎢
인    구 : 530만 7470(2002)
인구밀도 : 54.4명/㎢
수    도 : 암만
주요언어 : 아랍어
종    교 : 이슬람교
통    화 : 요르단디나르(JD)
환    율 : 1달러=0.7096JD(2002.11)
국내총생산 216억 달러
        (2001) 1명당 4200달러
        무역수지 수출 22억 달러
        (2001) 수입 46억 달러
```

- 인사는 서구와 중동의 혼합형

- 미국에 대해서는 온정적

- 초청은 받아들이기 전에 두 번쯤 사양한다.

- 고압적인 상술은 싫어한다.

- 시간 약속에는 관대하다.

- 좋아하는 화제는 역사, 문화, 가족, 왕

- 싫어하는 화제는 이스라엘 관계, 기타 정치

53) 우간다인(Ugandan)

위　　치 : 아프리카 동부의 내륙국.
정식명칭 : 우간다공화국.
면　　적 : 24만 1139㎢
인　　구 : 2469만 9070(2002)
인구밀도 : 102.4명/㎢ /
수　　도 : 캄팔라
주요언어 : 영어
종　　교 : 그리스도교 · 이슬람교
통　　화 : 우간다실링(USh)
환　　율 : 1달러=1830USh(2002.11)
국내총생산 290억 달러
　　　　　(2001) 1명당 1200달러
　　　　　무역수지 수출 3억 6700만 달러
　　　　　(2001) 수입 12억 6000만 달러

- 시간 약속 중요시

- 악수가 보편화

- 손님은 주인에게 간단한 선물을 가지고 온다.
- 모든 화제는 자유롭게 논의
- 가장 보편적인 화제는 세계적인 사건, 예술

54) 우루과이인(Uruguayan)

위　　치 : 남아메리카 남동해안의 중앙부에 있는 나라.
정식명칭 : 우루과이동방공화국(Repblica Oriental de Uruguay).
면　　적 : 17만 7414㎢
인　　구 : 338만 6575(2002)
인구밀도 : 19명/㎢
수　　도 : 몬테비데오
주요언어 : 에스파냐어
종　　교 : 카톨릭교
통　　화 : 페소우루과요(Ur $)
환　　율 : 1달러=26.825Ur $(2002.11)
국내총생산 310억 달러
　　　　(2001) 1명당 9200달러
　　　　무역수지 수출 22억 4000만 달러
　　　　(2001) 수입 29억 달러

- 악수가 보통 인사
- 이름은 친한 친구 사이에만 부른다.
- 직함은 중요하다.
- 회의할 때는 격식을 차리지만 제시간에 시작하는 것은 드물다.
- 손님도 주인에게 꽃이나 사탕을 선물로 보낸다.

- 유럽 문화를 이어받았다.
- 스페인어가 공식 언어
- 쇠고기가 일반적인 식사
- 좋아하는 화제는 역사, 문화, 스포츠(특히 축구)
- 싫어하는 화제는 정치, 공산주의

55) 유고슬라비아인(Yugoslavian)

- 만나고 헤어질 때 악수로 인사
- 대체로 시간을 잘 지킨다.
- 정치적 견해는 개방적인 편
- 개인적인 질문으로 결혼이나 직업 등을 묻는다.
- 이웃에 대하여 서방 세계보다 더 잘 안다.
- 좋아하는 화제는 미국의 생활 양식, 스포츠, 가정, 의상
- 싫어하는 화제는 종교, 정치

56) 유럽인(European)

- 꽃을 선물할 때 국화는 죽음과 관계되므로 피한다.
- 빨간 장미꽃 선물은 사랑과 애정을 나타내므로 피한다.
- 꽃을 선물할 때 종이로 포장하지 않는다.
- 짝수의 꽃송이는 금물이다. 불행을 상징하기 때문이다.
- 열 세 송이의 꽃 선물도 금물
- 꽃을 들고 다닐 때 유럽인은 꽃을 위로 향하지만 미국인은 아래
로 향한다.

- 대부분의 유럽 국가에서는 2층(미국 용어)이 1층이다. 그들의 빌딩 1층은 지상층이기 때문이다.

57) 이라크인(Iraqi)

```
위     치 : 서아시아에 위치.
정식명칭 : 이라크공화국(al-Jumhryah al-'Irqyah).
면     적 : 43만 8000㎢
인     구 : 2468만 3000(2003)
인구밀도 : 56명/㎢
수     도 : 바그다드
주요언어 : 아라비아어·쿠르드어
종     교 : 이슬람교
통     화 : 이라크디나르(ID)
환     율 : 1달러=0.31ID(2002.11)
국민총소득 297억 달러
        (2000) 1명당 1286달러
        무역수지 수출 39억 5900만 달러
        (1998) 수입 13억 3800만 달러
```

- 인사법은 다른 중동 국가와 유사
- 시간 지키기는 유동적
- 접대시 알코올은 보편적
- 좋아하는 화제는 고대 역사, 이라크 문화

58) 이란인(Iranian)

위　　치 : 중동의 이슬람공화국.
정식명칭 : 이란이슬람공화국(Keshvar-e Jomhri-ye Irn-e Islm)이다.
면　　적 : 164만 8000㎢
인　　구 : 6827만 8000(2003)
인구밀도 : 41명/㎢
수　　도 : 테헤란
주요언어 : 페르시아어·터키어
종　　교 : 이슬람교
통　　화 : 이란리알(Rls)
환　　율 : 1달러=8020Rls(2002.11)
국민총소득 1067억 700만 달러
　　　(2000) 1명당 1680달러
　　　무역수지 수출 197억 2600만 달러

- 악수와 머리를 약간 숙이는 인사가 관습

- 반 서방과 친 서방으로 양분되어 있다.

- 미국을 방문하는 이란인은 모두 친 서방측

- 이란어(Farsi)가 공식 언어

- 거의가 열성적 극우 회교

- 서구 지향적 사업인은 협상에 능하다.

- 좋아하는 화제는 고대 역사, 문화

- 싫어하는 화제는 현재의 불안정, 미국에 대한 혐오

59) 이스라엘인(Israeli)

위   치 : 지중해 동쪽 끝에 있는 나라.
정식명칭 : 이스라엘국(Medinat Yisra'el).
면   적 : 2만 1000㎢
인   구 : 617만 2000(2001)
인구밀도 : 293명/㎢
수   도 : 예루살렘
주요언어 : 히브리어 · 아라비아어
종   교 : 유대교 · 이슬람교
통   화 : 이스라엘세켈(IS)
환   율 : 1달러=4.707S(2002.11)
국민총소득 1041억 2800만 달러
         (2000) 1명당 1만 6710달러
         무역수지 수출 257억 9400만 달러
         (1999) 수입 331억 6000만 달러

- 미국보다는 격식을 차리는 편이지만 유럽보다는 덜하다.

- 만나고 헤어질 때 악수한다.

- 만나고 헤어질 때 "Shalom!"이라고 인사한다.

- 미국보다는 직함을 중요시하지 않는다.

- 전통적인 유태인에게는 토요일이 안식일이며 실제로는 금요일 저녁부터 안식을 준비

- 시간 관념 철저

- 꽃과 책 선물을 감사히 여긴다.

- 미국과 강하게 밀착되어 있다.

- 싫어하는 화제는 미국의 원조, 웨스트 뱅크의 사정, 경제 침체

- 좋아하는 화제는 문화, 역사, 종교

60) 이집트인(Egtptian)

```
위    치 : 아프리카대륙 북동쪽 끝, 북위 22~32°에.
정식명칭 : 이집트아랍공화국.
면    적 : 100만 ㎢
인    구 : 7071만 2000(2002)
인구밀도 : 70.7명/㎢
수    도 : 카이로
주요언어 : 아라비아어
종    교 : 이슬람교
통    화 : 이집트파운드(£E)
환    율 : 1달러=4.6452£E(2002.11)
국내총생산 2580억 달러
        (2001) 1명당 3700달러
        무역수지 수출 71억 달러
        (2001) 수입 164억 달러
```

- 보통 주중 근무일은 토요일부터 목요일까지

- 회교도에게는 금요일이 휴식일

- 유정과 신의가 어떤 사업 관계보다 앞선다.

- 사회 활동은 하루 중 늦게 한다.

- 좋아하는 화제는 역사, 국가 발전, 고대 이야기

- 싫어하는 화제는 중동 정치

61) 이탈리아인(Italian)

위   치 : 유럽 중남부에 있는 반도국가.
정식명칭 : 이탈리아공화국(Repubblica Italiana).
면   적 : 30만 1277㎢
인   구 : 5771만 5625(2002)
인구밀도 : 191.5명/㎢
수   도 : 로마
주요언어 : 이탈리아어
종   교 : 카톨릭교
통   화 : 유로(Euro)
환   율 : 1달러=0.9896E(2002.11)
국내총생산 1조 4020억 달러
         (2001) 1명당 2만 4300달러
         무역수지 수출 2430억 달러
         (2001) 수입 2260억 달러

- 미국인에 비하여 과시적이고 감정적
- 제스처가 크고 강렬하다.
- 팔꿈치를 붙잡고 악수한다.
- 가까운 남자끼리는 포옹하거나 가볍게 쓰다듬는다.
- 대학 졸업자는 직함을 염두에 둔다.
- 친해지기 전에는 이름을 부르지 않는다.
- 사회적 행사에서 시간 엄수는 미덕으로 여기지 않는다.
- 보통 점심 식사를 많이 한다.

- 빵 접시는 사용하지 않는다.

- 사업적 선물은 사업인들 사이에 유행한다.

- 사회적인 행사에서 사업 얘기는 하지 않는다.

- 좋아하는 화제는 세계적인 행사, 축구, 가정

- 싫어하는 화제는 마피아, 정치, 종교, 세금

62) 오스트리아인(Austrian)

위   치 : 유럽 중남부에 있는, 산이 많고 육지로 둘러싸인 나라.
정식명칭 : 오스트리아공화국(Bundesrepublik sterreich).
면   적 : 8만 3855㎢
인   구 : 816만 9900(2002)
인구밀도 : 97.4명/㎢
수   도 : 빈
주요언어 : 독일어
종   교 : 카톨릭교·프로테스탄트교
통   화 : 유로(Euro)
환   율 : 1달러=0.9896E(2002.11)
국내총생산 2200억 달러
        (2001) 1명당 2만 7000달러
        무역수지 수출 700억 달러
        (2001) 수입 730억 달러

- 오스트리아인을 독일인이라 부르지 않는다.

- 시간을 잘 지킨다

- 방문할 때에는 초콜릿이나 꽃을 선물

- Toilet을 "W.C(water closet)"라 부른다.
- 남녀 모두 굳은 악수를 한다.
- 식사시 손을 무릎에 얹는 것은 불손으로 간주한다.
- 친숙해지기 전까지는 이름 부르는 것을 불편하게 여긴다.
- 좋아하는 화제는 역사, 예술, 음악, 스포츠, 포도주
- 싫어하는 화제는 돈, 종교, 정치

63) 인도인(Indian)

```
위      치 : 히말라야산맥 이남, 인도반도의 대부분을 차지하는 공화국.
정식명칭 : 인도공화국(Ganahantra Bharat).
면      적 : 328만 7590㎢
인      구 : 10억 4584만 5226(2002) / 인구밀도 : 318명/㎢
수      도 : 뉴델리
주요언어 : 힌두어 · 영어
종      교 : 힌두교 · 이슬람교
통      화 : 인도루피(Re)
환      율 : 1달러=48.27Re(2002.11)
국내총생산 2조 5000억 달러
        (2001) 1명당 2500달러
        무역수지 수출 446억 달러
        (2001) 수입 538억 달러
```

- 남자와 인사할 때는 악수를, 여자에게는 합장을 하고 허리를 약간 숙인다.
- 힌두교도는 쇠고기를 먹지 않으며 소는 신성한 동물로 여긴다.

- 손윗사람을 존경한다.

- 회교도는 그들의 금식 규칙을 따른다.

- 독자적인 시크교도는 터번을 쓰고 금연하며 쇠고기를 먹지 않는다.

- 음식을 전할 때는 오른손을 쓴다.

- 영국 식민지 시대의 관습이 아직 남아 있다.

- 좋아하는 화제는 문화, 전통, 다른 민족, 여행

- 싫어하는 화제는 개인적인 빈곤, 외국 원조

64) 인도네시아인(Indonesian)

위　　치 : 동남아시아 남부, 말레이제도를 중심으로 하는 공화국.
정식명칭 : 인도네시아공화국.
면　　적 : 191만 9940㎢
인　　구 : 2억 3132만 8092(2002) / 인구밀도 : 120.4명/㎢
수　　도 : 자카르타
주요언어 : 인도네시아(말레이)어 · 네덜란드어 · 자바어
종　　교 : 이슬람교 · 그리스도교
통　　화 : 인도네시아루피아(Rp)
환　　율 : 1달러=9193Rp(2002.11)
국내총생산 6870억 달러
　　　　(2001) 1명당 3000달러
　　　　무역수지 수출 565억 달러
　　　　(2001) 수입 381억 달러

- 악수와 머리를 끄덕이는 것이 인사

- 시간 지키기를 중요하게 여긴다.

- 개인을 존중하는 것이 특징
- 사업 거래는 길게 하는 편
- 선물의 거절은 결례
- 좋아하는 화제는 역사, 문화, 전통
- 싫어하는 화제는 지역 정치, 사회주의, 외국 원조

65) 일본인(Japanese)

위   치 : 아시아 동쪽 해상에 있는 입헌군주국.
면   적 : 37만 7835km²
인   구 : 1억 2697만 4628(2002)
인구밀도 : 336명/km²
수   도 : 도쿄
주요언어 : 일본어
종   교 : 불교·신도·기독교
통   화 : 엔(¥)
환   율 : 1달러=120.02¥(2002.11)
국내총생산 3조 4500억 달러
        (2001) 1명당 2만 7200달러
        무역수지 수출 4046억 달러
        (2001) 수입 3316억 달러

- 서양적인 것을 급속히 받아들이고 있다.
- 접대시 일본 전통을 따라 주면 기뻐한다.

- 명함은 악수를 하기 전에 교환

- 절을 하는 것이 전통적인 인사이며 낮게 굽힐수록 좋다.

- 악수가 보통이나 비교적 살짝 잡는다.

- 오래 쳐다보거나 자주 쳐다보는 것은 결례

- 이름은 잘 사용하지 않는다.

- 사업에 개인적인 측면이 대단히 중요하다.

- 형식은 실제만큼 중요하다.

- 인내, 예절, 겸손은 커다란 미덕

- 선물하는 것이 문화에 깊이 배어 있으므로 미리 준비해야 한다.

- 의문을 잘 표현해야 한다. 그러면 "Yes"한다.

- 화합을 중시하므로 "No"는 피한다.

- 좋아하는 화제는 역사, 문화 예술

- 싫어하는 화제는 2차대전 논의, 난처하게 하는 일

66) 잠비아인(Zambian)

위   치 : 남부아프리카 내륙에 있는 나라.
정식이름 : 잠비아공화국(Republic of Zambia).
면   적 : 75만 2614㎢
인   구 : 995만 9037(2002)
인구밀도 : 14명/㎢
수   도 : 루사카

주요언어 : 영어(공용어)

종   교 : 그리스도교

통   화 : 잠비아크와차(K)

환   율 : 1달러=4725K(2002.11)

국내총생산 85억 달러

    (2001) 1명당 870달러

    무역수지 수출 8억 7600만 달러

    (2001) 수입 120억 5000만 달러

- 왼손으로 오른손을 도와 악수하는 것이 보편적

- 예의상 또는 직업상의 직함을 사용한다.

- 식사시 음식을 요청하는 것은 실례이므로 금물

- 음식을 거절하는 것은 타당치 않다.

- 정부 관리에게 선물하는 것은 금물

- 다른 일반인에게 적당한 값어치의 선물은 무방

- 잠비아의 정치나 경제 문제 토론을 삼가고 국제 정치는 무방하다.

67) 중국인(Chinese-People′s Republic of China)

위   치 : 아시아 대륙의 중앙부에서 동쪽으로 태평양의 서쪽 끝에 이르는
        광활한 국토를 가진 국가.

정식명칭 : 중국이라고 약칭한다.

면   적 : 959만 6960㎢

위   치 : 아시아 대륙의 중앙부에서 동쪽으로 태평양의 서쪽 끝에 이르는
          광활한 국토를 가진 국가.
정식명칭 : 중국이라고 약칭한다.
면   적 : 959만 6960㎢
인   구 : 12억 8430만 3705(2002)
인구밀도 : 133.8명/㎢
수   도 : 베이징
주요언어 : 중국어(북경어)·소수민족어
종   교 : 불교·도교·이슬람교·그리스도교·라마교
통   화 : 위안
환   율 : 1달러=8.2772위안(2002.11)
국내총생산 5조 5600억 달러
        (2001) 1명당 4300달러
        무역수지 수출 2621억 달러
        (2001) 수입 2362억 달러

- 만날 때 인사로 고개를 끄덕이고 절을 많이 한다. 그러나 악수를 청할 때도 있다.
- 접대시 주인은 연장자와 계급을 중시한다.
- 한자와 영문으로 된 명함이 바람직하다.
- 중요한 사적 질문도 허용된다. 수입, 주택 가격 등에 대해 물어도 된다.
- "아니오"란 말을 잘 못하는 편
- 포옹이나 등 두드리는 것 같은 신체 접촉은 거의 하지 않는다.

- 건배는 보통이며 작은 일에도 박수를 친다.
- 사업하는 사람들 사이에는 개인적인 우정을 매우 중요하게 생각한다.
- 대만에 대한 얘기는 삼간다.
- 좋아하는 화제는 역사, 문화, 중국인의 발전
- 싫어하는 화제는 문화혁명, 섹스, 부(富), 정치

68) 중동인(The Middle East)

- 열성적인 회교도는 알코올이 절대 금물이며 금식 규칙을 철저히 따른다.
- 왼손은 생리적인 일에 사용되므로 불결하다고 생각해서 음식은 오른손으로 먹는다(사업 명함이나 선물을 할 때 오른손을 사용하는 것이 최선).
- 여성을 낮추어 생각한다. 남자 회교도는 여자가 몸을 보이거나 다리 꼬는 것을 싫어한다.
- 중동인은 육체적으로 가까이 하는 문화권으로, 쓰다듬기를 좋아하며 팔을 끼기도 하고 잠깐 손을 잡기도 한다.
- 관대한 편이며 상당한 선물을 하기도 한다.
- 중동인은 카톨릭의 로사리오와는 다른 염주를 만지작거린다. 이는 무료함을 달래는 것일 뿐 그 이상은 아니다.
- 일상 업무를 보통 목요일에 끝내며 금요일은 휴식일이고 토요일

에 업무를 다시 시작한다.

- 열성적 회교도는 해 뜰 때 한 번, 낮에 세 번, 해 질 때 한 번 등 모두 하루 다섯 번 기도한다. 해 뜰 때 기도할 때는 메카 쪽을 향한다. 여행을 하는 경우에는 생략하기도 하지만 그들이 만약 기도하고 싶어한다면 조용한 방을 마련해 주고 정중히 동쪽 방향을 가르쳐 주는 것이 좋다.

- 대부분의 중동인은 자주 아랍 말로 "인샬라(신의 뜻)"라고 하는데 영어의 관용구로는 "그렇게 희망한다"와 비슷함.

- 구두 바닥이 보이게 앉는 것은 결례

69) 중앙 및 남아메리카인(Central and South American)

- 모두 스페인어를 구사한다. 브라질은 예외로 포르투갈어를 사용한다.

- 모든 라틴 국가에서는 시간에 대하여 북아메리카와 같이 엄격하지 않으며 30분쯤 늦는 것은 놀라운 일이 아니다.

- 라틴인은 얘기할 때 가까이 다가서서 하며 격식을 차리지 않고 건드리기도 하고 친한 사이에는 포옹도 한다. 라틴계 상인은 얘기할 때 상대의 팔꿈치를 잡으며 팔짱을 끼고 걷기도 한다.

- 라틴계인은 따뜻하고 친절하며 상담 전에 사교적인 대화를 즐긴다. 상대와 가까워지려는 과정이다. 그들은 회사 대표로서의 당신보다는 당신 자신의 개인에게 더 흥미를 갖는다.

- 라틴 국가에서는 주된 음식을 한낮에 먹는다. 거의 모든 라틴계 인은 미국의 식사 풍습을 잘 알며 특별한 경우에는 식당에서 만찬을 대접한다. 건배는 주인이 먼저 하는 것이 보통이다.

70) 지중해 주민(The Caribbean)

- 악수가 보통 인사
- 영어가 널리 쓰이지만 스페인어, 불어, 네덜란드어로 사용
- 테이블 매너는 격식을 차리지 않는다.
- 걸음걸이가 느리고 시간 관념도 소홀
- 상담은 사교적인 화제부터 시작한다.
- 선물 교환이 필요 없다.
- 명함은 항상 중요하며 널리 사용된다.
- 주된 음식은 한낮에
- 좋아하는 화제는 기후, 관광업, 경제
- 싫어하는 화제는 지역 정치, 종교, 인종 분쟁

71) 체코슬로바키아인(Czechoslovakian)

위 치 :	1993년 1월 체코슬로바키아에서 분리된 공화국.
정식명칭 :	체코슬로바키아 연방공화국.
면 적 :	7만 886km²
인 구 :	1025만 6800(2002)
위 치 :	1993년 1월 체코슬로바키아에서 분리된 공화국.

정식명칭 : 체코슬로바키아 연방공화국.

면   적 : 7만 886㎢

인   구 : 1025만 6800(2002)

인구밀도 : 144.6명/㎢

수   도 : 프라하

주요언어 : 체코어

종   교 : 카톨릭교

통   화 : 코루나(Kc)

환   율 : 1달러=30.5086Kc(2002.11)

국내총생산 1479억 달러

　　　　(2001) 1명당 1만 6800달러

　　　　무역수지 수출 327억 달러

　　　　(2000) 수입 374억 달러

- 시간을 매우 잘 지킨다.
- 두 개의 공화국이다(체크와 슬로바키아).
- 두 개의 다른 언어가 사용되며 둘 다 잘 통한다.
- 도착, 출발, 사업, 사교에 악수가 보통이다.
- 약속은 사전에 한다.
- 방문할 때는 꽃, 포도주, 또는 코냑을 선물
- 특별한 경우에는 축배하는 것이 보통이다.
- 팔꿈치를 책상에 얹는 것은 불손이다.

- 좋아하는 화제는 스포츠이고 사적인 질문에 개의하지 않는다.

- 싫어하는 화제는 정치, 사회주의

72) 칠레인(Chilean)

```
위     치 : 남아메리카 남서부에.
정식명칭 : 칠레공화국(Repblica de Chile).
면     적 : 75만 6626㎢
인     구 : 1549만 8930(2002)
인구밀도 : 20.4명/㎢
수     도 : 산티아고
주요언어 : 에스파냐어
종     교 : 카톨릭교
통     화 : 칠레페소(Ch $)
환     율 : 1달러=711.075Ch $(2002.11)
국내총생산 1530억 달러
        (2001) 1명당 1만 달러
        무역수지 수출 185억 달러
        (2001) 수입 180억 달러
```

- 사업상에는 시간 엄수

- 상담 전에는 가벼운 대화를 나눈다.

- 처음 소개할 때 악수가 보편적

- 친한 친구간에는 포옹하고 볼을 비빈다.

- 사회적인 행사에 남자는 양복에 넥타이를 맨다.

- 포도주는 왼손으로 대접하지 않는다.

- 포도주, 특히 백포도주는 국가의 자부심

- 전문업에서는 여성이 앞서 있다.

- 좋아하는 화제는 가족, 아이들, 역사

- 싫어하는 화제는 정치, 인권

73) 케냐인(Kenyan)

```
위     치 : 아프리카 동부 적도 바로 아래 있는 나라.
정식명칭 : 케냐공화국(Republic of Kenya).
면     적 : 58만 2646㎢
인     구 : 3113만 8735(2002)
인구밀도 : 53.4명/㎢
수     도 : 나이로비
주요언어 : 스와힐리어·영어
종     교 : 그리스도교·카톨릭교·정령신앙
통     화 : 케냐실링(KSh)
환     율 : 1달러=79.35KSh(2002.11)
국내총생산 310억 달러
        (2001) 1명당 1000달러
        무역수지 수출 18억 달러
        (2001) 수입 31억 달러
```

- 스와힐리어가 가장 보편적인 언어이나 영어도 잘 알려져 있다.

- 예전에 영국 식민지로서 영국적 특성이 보편화되어 있다.

- 만나고 헤어질 때 악수로 인사

- 일반적으로 꽃은 조의를 나타낸다.

- 좋아하는 화제는 케냐의 육상 스타, 역사, 문화, 야생

- 싫어하는 화제는 영국 지배 기간, 마우 마우(Mau-Mau)기간

74) 코스타리카인(Costa Rican)

```
위     치 : 중앙아메리카 남부에 있는 나라.
정식명칭   :코모로이슬람연방공화국(Rpublique  Fdrale  Islamique  des
          Comores).
면     적 : 5만 1100㎢
인     구 : 383만 4934(2002)
인구밀도 : 75명/㎢
수     도 : 산호세
주요언어 : 에스파냐어
종     교 : 카톨릭교·그리스도교
통     화 : 코스타리카 콜론(₡)
환     율 : 1달러=299.63₡(2000.2)
국내총생산 391억 달러
        (2001) 1명당 8500달러
        무역수지 수출 50억 달러
        (2001) 수입 65억 달러
```

- 악수가 보편적인 인사이다.

- 포옹은 다른 라틴계 나라처럼 보편적이 아니다.

- 직함을 중시하고 존경한다.

- 특별한 경우 선물을 교환한다.

- 국가가 안정되어 있는 편이므로 정치적 논의는 자유롭다.

- 상인은 다른 라틴계인보다 격식을 찾고 심각하다.

- 여성도 사업에는 능동적이다.

- 좋아하는 화제는 아이들, 역사, 예술

- 싫어하는 화제는 개인 비판, 종교

75) 콜롬비아인(Colombian)

위   치 : 남아메리카대륙 북서부 끝에 자리하고 있는 공화국.
정식명칭 : 콜롬비아공화국(Repblica de Colombia).
면   적 : 114만 1748㎢
인   구 : 4100만 8227(2002)
인구밀도 : 35.9명/㎢
수   도 : 보고타
주요언어 : 에스파냐어
종   교 : 카톨릭교
통   화 : 페소
환   율 : 1달러=2744.1(2002.11)
국내총생산 2550억 달러
        (2001) 1명당 6300달러
        무역수지 수출 123억 달러
        (2001) 수입 127억 달러

- 사업상 자리에서는 악수가 보편적이다.

- 친구 사이에는 포옹을 한다.

- 시간 관념은 소홀하다.

- 상인은 상담 전에 가벼운 대화를 나누는 것을 좋아한다.

- 직함을 존중한다.

- 대학 졸업생이면 "박사"라 부른다.

- 좋아하는 화제는 역사, 문화, 축구, 커피, 금박물관

- 싫어하는 화제는 마약 거래, 정치, 종교

76) 탄자니아인(Tanzanian)

```
위    치 : 동아프리카 대륙 쪽 탕가니카와 인도양의 잔지바르로 이루어진 국가.
정식명칭 : 탄자니아연합공화국(Jamhuri ya Muungano wa Tanzana).    i
면    적 : 94만 5087㎢
인    구 : 3718만 7940(2002)
인구밀도 : 39.3명/㎢
수    도 : 다르에르살람
주요언어 : 스와힐리어 · 영어
종    교 : 그리스도교 · 이슬람교 · 부족종교
통    화 : 탄자니아실링(TSh)
환    율 : 1달러=988TSh(2002.11)
국내총생산 221억 달러
        (2001) 1명당 610달러
        무역수지 수출 8억 2700만 달러
        (2001) 수입 15억 5000만 달러
```

- 인사로 악수하는 것이 관습이고 보편적

- 사업적인 위치에서는 가끔 간단한 선물을 교환

- 좋아하는 화제는 탄자니아 공원, 아프리카 문화

- 싫어하는 화제는 정치

77) 태국인(Thailander)

위   치 : 동남아시아 중부 인도차이나반도 중앙에 있는 나라.

정식명칭 : 타일랜드왕국, 옛 이름은 시암(Siam), 태국(泰國)이라고도 한다.

면   적 : 51만 4000㎢

인   구 : 6235만 (2002)

인구밀도 : 121.3명/㎢

수   도 : 방콕

주요언어 : 타이어 · 중국어

종   교 : 불교(95%) · 이슬람교(4%)

통   화 : 타이바트(B)

환   율 : 1달러=42.97B(20002.11)

국내총생산 4100억 달러

　　　　(2001) 1명당 6600달러

　　　　무역수지 수출 653억 달러

　　　　(2001) 수입 623억 달러

- 손을 합장하는 것이 전통적 인사
- 서부 지역에서는 악수를 자주 한다.
- 이름을 흔히 사용한다.
- 사람들 앞에서 화를 내거나 애정을 표현하는 것은 나쁘게 생각한다.
- 서구식 농담이나 풍자를 가끔 오해한다.
- 상인은 의사 결정에 시간을 오래 끄는 경향이 있으므로 인내심을 가져야 한다.

- 발로 무엇이든 가리키지 말고 발바닥을 보여서는 안 된다.
- 태국인의 머리를 건드리지 않는다.
- 좋아하는 화제는 문화, 역사, 태국 음식
- 싫어하는 화제는 정치 비난, 왕족, 종교

78) 터키인(Turkish)

```
위    치 : 아시아와 유럽에 걸쳐 있는 서아시아 나라.
정식명칭 : 터키공화국(Trkiye Cumhuriyeti).
면    적 : 77만 9452㎢
인    구 : 6730만 8928(2002)
인구밀도 : 86.3명/㎢
수    도 : 앙카라
주요언어 : 터키어
종    교 : 이슬람교
통    화 : 터키리라(LT)
환    율 : 1달러=1615만 5100LT(2002.11)
국내총생산 4430억 달러
        (2001) 1명당 6700달러
        무역수지 수출 338억 달러
        (2001) 수입 397억 달러
```

- 의상에 보수적
- 사전 약속을 하고 시간을 잘 지킨다.
- 모든 상인은 영어, 불어 또는 독일어를 한다.
- 사업적 회의는 광범위한 화제로 시작한다.
- 터키의 접대는 관대하고 성실하며 때로는 지나치게 압도적이다.

- 격식 차리지 않는 말을 성실과 진심으로 생각한다.
- "No"라고 의사 표현을 할 때 턱을 치켜들고 눈을 감으며 머리를 뒤로 기울인다.
- 가장 보편적인 접대는 식당에서 식사하는 것
- 좋아하는 화제는 가족, 직업, 취미
- 싫어하는 화제는 정치, 분쟁

79) 파나마인(Panamanian)

```
위    치 : 중앙 아메리카 동쪽 끝 남·북 아메리카대륙을 잇는 파나마지협
          에 있는 나라.
정식명칭 : 파나마공화국(Repblica de Panam)이다.
면    적 : 7만 7082㎢
인    구 : 288만 2329(2002)
인구밀도 : 37.3명/㎢
수    도 : 파나마시티
주요언어 : 에스파냐어·영어
종    교 : 카톨릭교
통    화 : 발보아(B)
환    율 : 1달러=1.000B(2002.11)
국내총생산 169억 달러
        (2001) 1명당 5900달러
        무역수지 수출 59억 달러
        (2001) 수입 67억 달러
```

- 악수가 관습이며 오랜 친구와는 포옹한다.
- 직함을 중시한다.
- 스페인어가 국어이나 영어도 많이 쓰인다.

- 상담 전에 많은 잡담을 한다.
- 파나마 여성은 점점 관리직에 진출하고 있다.
- 접대시 선물은 교환하지 않는다.
- 주인은 손님 맞은편 테이블 머리에 앉는다.
- 좋아하는 화제는 가정, 취미, 야구, 농구
- 싫어하는 화제는 인종 문제, 정치

80) 파라과이인(Paraguayan)

```
위     치 : 남아메리카 중앙에 있는 공화국.
정식명칭 : 파라과이공화국(Repblica de Paraguay).
면     적 : 40만 6752㎢
인     구 : 588만 4491(2002)
인구밀도 : 14.4명/㎢
수     도 : 아순시온
주요언어 : 에스파냐어 · 과라니어
종     교 : 카톨릭교
통     화 : 과라니
환     율 : 1달러=6701.3(2002.11)
국내총생산 262억 달러
        (2001) 1명당 4600달러
        무역수지 수출 22억 달러
        (2001) 수입 27억 달러
```

- 악수하며 "mucho gusto!"라 말한다.
- 친한 사이에는 포옹하며 여자는 볼에 키스한다.

- 친한 사이일 경우 팔짱을 끼고 걷는다.
- 대화할 때 가까이 선다.
- 직함을 중시한다.
- 사업상 결정은 천천히 한다.
- 좋아하는 화제는 가정, 스포츠, 현재 사건
- 싫어하는 화제는 지방 정치

81) 파키스탄인(Pakistan)

위　　치 : 인도반도 북서부 인더스강 유역에 있는 나라.
정식명칭 : 파키스탄이슬람공화국(Islm- Jamhrya-e Pkistn).
면　　적 : 80만 3940㎢
인　　구 : 1억 4766만 3429(2002)
인구밀도 : 183.6명/㎢
수　　도 : 이슬라마바드
주요언어 : 우르두어 · 신디어 · 영어
종　　교 : 이슬람교
통　　화 : 파키스탄루피(PRs)
환　　율 : 1달러=58.55PRs(2002.11)
국내총생산 2990억 달러
　　　(2001) 1명당 2100달러
　　　무역수지 수출 88억 달러
　　　(2001) 수입 92억 달러

- 악수가 보편적이고 친한 사이에는 포옹한다.
- 여자에게는 악수나 신체 접촉을 하지 않는다.

- 원하기 전에는 이름을 부르지 않는다.
- 회교가 널리 퍼져 있다.
- 영어가 보편적이나 우르두(Urdu)어가 주 언어.
- 이름이 복잡하므로 조심스럽게 연구하거나 간단히 물어본다.
- 신발 바닥을 보이는 것은 결례
- 좋아하는 화제는 문화, 역사, 파키스탄 공예
- 싫어하는 화제는 회교 비난, 인도나 이스라엘에 대한 논의

82) 페루인(Peruvian)

```
위     치 : 남아메리카대륙 서안 중앙.
정식명칭 : 페루공화국(Repblica de Per).
면     적 : 128만 5216km²
인     구 : 2794만 9639(2002)
인구밀도 : 21.7명/km²
수     도 : 리마
주요언어 : 에스파냐어·케추아어
종     교 : 카톨릭교
통     화 : 누에보솔(nuevo sol/SI)
환     율 : 1달러=3.6085SI(2000.1)
국내총생산 1320억 달러
        (2001) 1명당 4800달러
        무역수지 수출 73억 달러
        (2001) 수입 74억 달러
```

- 악수가 관습
- 친한 사이에는 포옹이 보통
- 직함을 중시

- 주된 음식은 점심
- 격식을 차리는 척하고 보수적인 척한다.
- 모든 경우 꽃을 선물하는 것이 좋다.
- 투우에만 시간을 지킨다.
- 만찬은 밤 9시 이후에
- 접시의 음식을 모두 먹는 것이 예의
- 좋아하는 화제는 가족, 문화, 지리 등 다양
- 싫어하는 화제는 정치, 종교, 인종 차별, 편견

83) 포르투칼인(Portuguese)

위   치 : 유럽 남서부 이베리아반도 서쪽 끝에 위치하는 나라.
정식명칭 : 포르투갈공화국(Repblica Portuguesa).
면   적 : 9만 2389km²
인   구 : 1008만 4200(2002)
인구밀도 : 109명/km²
수   도 : 리스본
주요언어 : 포르투갈어
종   교 : 카톨릭교
통   화 : 유로(Euro)
환   율 : 1달러=0.9896E(2002.11)
국내총생산 1741억 달러
        (2001) 1명당 1만 7300달러
        무역수지 수출 248억 달러
        (2001) 수입 378억 달러

- 남자끼리 포옹하며 등을 두드린다.
- 여자는 양 볼에 키스하는 것이 관습

- 스페인 사람 같은 과장된 제스처는 금물
- 신속한 것을 좋아한다.
- 상담은 점심에는 좋으나 만찬 중에는 하지 않는다.
- 사업적 선물보다는 만찬 초대가 보편적
- 좋아하는 화제는 가정, 역사, 개인 흥미
- 싫어하는 화제는 정치, 정부

84) 폴란드 인(Polish)

위　　치 : 유럽 중북부에. 있다.
정식명칭 : 폴란드공화국(Rzeczpospolita Polska).
면　　적 : 31만 2683㎢
인　　구 : 3862만 5500(2002)
인구밀도 : 123.5명/㎢
수　　도 : 바르샤바
주요언어 : 폴란드어
종　　교 : 카톨릭교
통　　화 : 주오티
환　　율 : 1달러=3.895주오티(2002.11)
국내총생산 3396억 달러
(2001) 1명당 8800달러
무역수지 수출 308억 달러
(2001) 수입 417억 달러

- 이름은 친한 친구 사이에만 사용한다.
- 만나고 헤어질 때 남자는 여자의 손에 키스한다.

- 방문시 주인에게 일반적으로 꽃을 가져온다.
- 원하기 전에는 이름을 부르지 않는다.
- 공식이나 비공식 만찬에서 건배를 한다.
- 코냑을 즐긴다.
- 역사와 문화에 자부심
- 카톨릭이 널리 퍼져 있다.
- 좋아하는 화제는 역사, 문화, 연합 운동
- 싫어하는 화제는 지난날의 정치 문제

85) 푸에르토리코인(Puerto Rican)

- 악수가 관습적 인사
- 친한 사이에는 포옹한다.
- 가까이 서는 것이 관습이며 뒤로 물러나는 것은 결례
- 선물 교환을 하며 받은 선물은 그 자리에서 뜯어본다.
- 선물은 한번 사양하는 것이 예의
- 영어를 자유롭고 유창하게 구사한다.
- 약간의 스페인어도 구사한다.
- 공개 비판, 처벌, 그리고 탐욕에는 반대한다.
- 좋아하는 화제는 문화 유산, 경제 급성장
- 싫어하는 화제는 독립에 대한 논쟁

86) 프랑스인(French)

위   치 : 유럽 서부에 있는 나라.
정식명칭 : 프랑스공화국(Rpublique franaise).
면   적 : 55만 1500㎢
인   구 : 5976만 5983(2002)
인구밀도 : 108명/㎢
수   도 : 파리
주요언어 : 프랑스어
종   교 : 카톨릭교
통   화 : 유로
환   율 : 1달러=0.9896E(2002.11)
국내총생산 1조 5100억 달러
         (2001) 1명당 2만 5400달러
         무역수지 수출 2933억 달러
         (2001) 수입 2926억 달러

- 사업상 의전에는 격식을 차리고 보수적
- 개인 이름은 동료간에도 잘 사용하지 않는다.
- 프랑스의 역사, 언어, 예술에 유달리 자부심을 갖고 있다.
- 악수를 자주 하지만 짧고 살짝 잡는 악수를 한다.
- 좋은 음식과 좋은 포도주를 중요시한다.
- 하루중 주요 식사는 점심
- 개인 질문이나 정치, 돈에 관한 화제는 피한다.
- 프랑스 교육 제도에 대하여 대단한 자부심을 갖고 있다.
- 국가와 언어에 대해 열광적인 편
- 결정은 심사 숙고 후에

- 포도주를 마실 때 미네랄 워터를 몇 모금 마신다.
- 저녁 식사중의 대화는 중요하게 생각하며 가끔은 아주 긴 대화를 한다.
- 좋아하는 화제는 음식, 스포츠, 문화
- 싫어하는 화제는 돈, 가격, 극히 사적인 질문

87) 피지인(Fijian)

위 치	서남 태평양의 중앙부 멜라네시아 동남쪽 끝에 있는 나라.
정식명칭	피지공화국(Sovereign democratic Republic of Fiji).
면 적	1만 8270km²
인 구	85만 6346(2002)
인구밀도	46.8명/km²
수 도	수바
주요언어	영어 · 피지어 · 힌두어
종 교	그리스도교 · 힌두교 · 이슬람교
통 화	피지달러(F $)
환 율	1달러=2.0868F $ (2002.11)
국내총생산 59억 달러	
(1999) 1명당 7300달러	
무역수지 수출 5억 3700만 달러	
(2001) 수입 6억 5300만 달러	

- 인사로 눈을 크게 뜨고 웃는다.
- 악수도 보편적
- 시간 약속은 중요하게 여기나 생활 리듬은 느리다.

- 좋아하는 화제는 개인적인 경험, 문화, 역사
- 싫어하는 화제는 지적으로 위압감을 주는 전시품

88) 핀란드인(Finnish)

```
위      치 : 유럽 북부에 있는 공화국.
정식명칭 : 핀란드 공화국(Suomen Tasavalta).
면      적 : 33만 8127㎢
인      구 : 518만 3500(2001)
인구밀도 : 15.3명/㎢
수      도 : 헬싱키
주요언어 : 핀란드어 · 스웨덴어
종      교 : 복음루터파교회 · 핀란드정교회
통      화 : 유로
환      율 : 1달러=0.9896E(2002.11)
국내총생산 1335억 달러
        (2001) 1명당 2만 5800달러
        무역수지 수출 401억 달러
        (2001) 수입 312억 달러
```

- 지리적으로는 스칸디나비아 그룹인 "노르딕"으로 간주
- 언어나 종족이 스칸디나비아와는 다르다.
- 풍습이나 생활 양식은 스칸디나비아를 반영한다.
- 굳은 악수를 하는 것이 보편적
- 포옹이나 키스는 관습이 아니다.

- 조용하고 감정 표현을 잘 하지 않는다.

- 시간을 잘 지키고 사전 약속을 한다.

- 격식을 안 차리며 식사할 때 건배를 한다.

- 좋아하는 화제는 취미, 스포츠, 여행

- 싫어하는 화제는 직업에 대한 개인적인 질문, 종교, 정치

89) 필리핀인(Filipino)

위   치 : 아시아대륙 동남부 태평양과 남중국 사이에 있는 도서국가(島嶼
國家).

정식명칭 : 필리핀공화국(Republica de Filipinas).

면   적 : 30만 km²

인   구 : 8452만 5639(2002)

인구밀도 : 281.7명/km²

수   도 : 마닐라

주요언어 : 필리핀어 · 영어 · 타갈로그어

종   교 : 카톨릭교 · 프로테스탄트교 · 이슬람교

통   화 : 필리핀페소(P)

환   율 : 1달러=52.825P(2002.11)

국내총생산 3350억 달러

(2001) 1명당 4000달러

무역수지 수출 370억 달러

(2000) 수입 300억 달러

- 악수와 등을 두드리는 인사가 보통이다.

- 사업, 정부, 교육에 사용되는 언어는 영어

- 사업이나 접대시 미국 관습과 비슷

- 작은 선물을 한다.

- 잘 웃으며 따뜻하고 우정 어린 태도를 보인다.

- 반미 감정도 있다.

- 좋아하는 화제는 가정, 문화, 역사, 사업

- 싫어하는 화제는 정치, 종교, 부패, 외국 원조

90) 헝가리인(Hungarian)

위   치 : 중부 유럽에 있는 나라.
정식명칭 : 헝가리공화국.
면   적 : 9만 3033㎢
인   구 : 1007만 5000(2002)
인구밀도 : 108.2명/㎢
수   도 : 부다페스트
주요언어 : 헝가리어
종   교 : 카톨릭교·프로테스탄트교
통   화 : 포린트(forint/Ft)
환   율 : 1달러=236.45Ft(2002.11)
국내총생산 1209억 달러
         (2001) 1명당 1만 2000달러
         무역수지 수출 279억 달러
         (2001) 수입 295억 달러

- 관습적으로 인사는 악수

- 사회 국가로서 사회주의 신념을 갖고 있다.

- 칭찬하면 겸손해 한다.

- 포도주를 마실 때 "당신의 건강을 위하여!"라고 건배
- 식사 전 "훌륭한 식욕"이란 말을 한다.
- 좋아하는 화제는 음식, 포도주, 역사
- 싫어하는 화제는 정당 회원권, 종교

91) 홍콩인(Hong Kong)

- 세계에서 가장 큰 자유 시장이며 1997년에는 중국으로 반환된다.
- 100년간의 지배로 영국 영향이 지대하다.
- 상인들은 모두 영어를 구사한다.
- 미국식 이름을 갖고 있는 중국인들도 많다.
- 예의, 겸손, 품위를 존경한다.
- 상대방을 난처하게 하는 일은 하지 않는다.
- 신체 접촉을 하지 않는 사회이므로 포옹이나 팔을 껴안는 것을 삼간다.
- 집게손가락으로 신호하는 것은 결례
- 좋아하는 화제는 음식, 가족, 취미, 여행
- 싫어하는 화제는 중국 본토의 정치, 1997년의 영토 반환

직장인의 멋내기

1. 멋진 남성의 미용

1) 남성의 피부

① 피하 지방이 적고 근육질

② 피지선의 발달로 화농되기 쉽고 잔털이 많다.

③ 모공이 넓고 거칠다.

④ 면도, 흡연, 음주, 불규칙한 생활 습관으로 피부가 악화되어
있다.

2) 남성의 두발

① 피지 분비가 많아 더러워지기 쉽다(비듬, 가려움)

② 머릿결이 여성에 비해 전반적으로 굵다.

③ 정신적 스트레스, 유전 등으로 탈모 현상이 일어난다.

3) 피부 손질 방법

손 질 단 계	제 품	효 과
세안	• 피부를 청결히	• 미용 비누 • 세이빙 폼	• 피부에 자극 없이 더러움을 제거 • 부드러운 거품으로 수염을 부드럽게 만든다.
정리	• 피부 중화, 수렴, 진정 효과	• 스킨 로션 • 에프터셰이브 로션	• 피부결을 다듬고 수렴 작용 • 면도 후 피부를 진정, 완화
영양	• 유분·수분의 균형 유지	• 모이스처라이징 로션	• 유분과 수분의 균형을 맞춰 피부를 윤택하게 해 준다.

4) 면도 손질 방법

구분	전기면도(dry shaving)	일반면도(wet shaving)
특징	• 비누나 물이 필요 없다. • 간편하나 깨끗이 깎이지 않는다.	• 물, 셰이빙 폼을 이용해 면도 • 시간이 걸리지만 깨끗이 깎인다.
방법	• 수염을 뻣뻣하게 한 다음 면도한다.	• 미온수로 수염을 부드럽게 한 후 털의 방향대로 면도한다.
순서	• 세안→면도→에프터셰이프 로션 →영양 화장수	• 세안(셰이빙 폼)→면도→에프터셰이브 로션→영양 화장수

2. 멋진 여성의 미용

1) 피부와 기초 화장

(1) 피부 노화의 원인

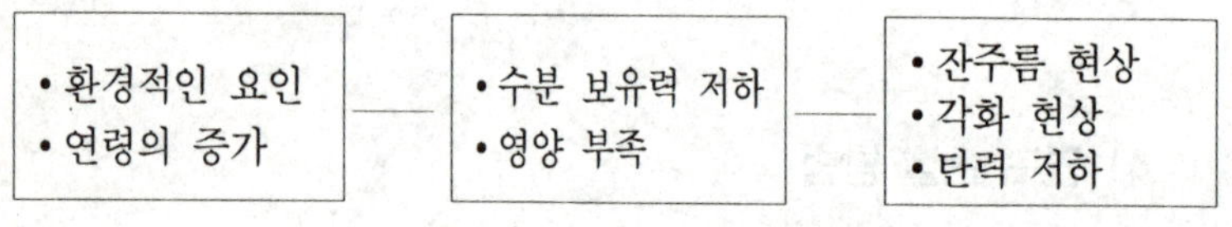

(2) 기초 화장의 필요성

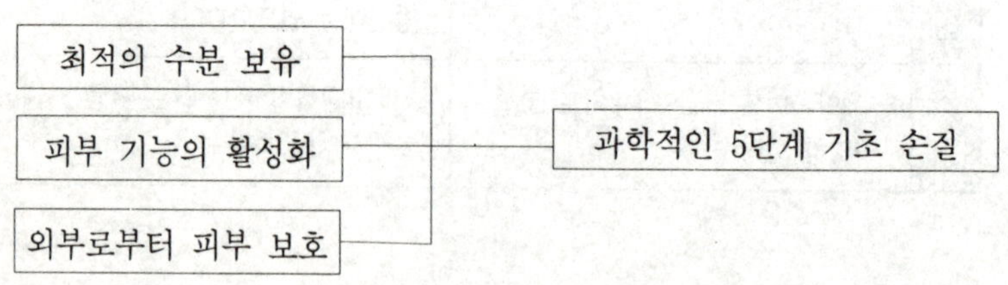

2) 기초 손질 5단계

① 1단계 : 세안→클린징 크림→미용 비누(클린징 폼)→유연 화장수

② 2단계 : 마사지(마사지 크림)

③ 3단계 : 영양 화장수(모이스처 로션)

④ 4단계 : 수렴 화장수(아스트린젠트)

⑤ 5단계 : 영양 크림

3) 화장품의 사용 순서

192/도면이동입

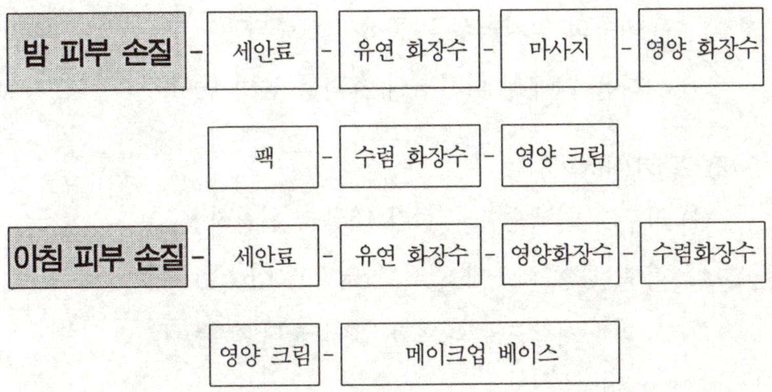

4) 단계별 기초 화장 지식

(1) 1단계(세안, 유연 화장수)

① 클린싱 크림

- 피부에서 분비되는 피지, 유성 화장의 여분 등 불순물을 제거

② 클린싱 폼

- 모공 깊숙이 있는 더러움과 오래 된 각질을 제거 보습제 함유로 피유 당김과 건조를 방지.

③ 유연 화장수

- 세안 후 불균형해진 피부를 정돈해 준다.
- 유연제 함유로 각질을 부드럽게 해 준다.
- 비누의 알칼리성을 중화시켜 준다.
- 다음 단계인 마사지의 효과를 높여 준다.

(2) 2단계(마사지)

① 피부의 혈액순환과 신진 대사를 원활히
② 피부 생성 세포에 필요한 영양과 산소를 공급
③ 신경점 지압으로 피로를 풀어 준다.

(3) 3단계(영양 화장수)

① 적절한 유분과 수분을 공급하여 유연하고 촉촉한 피부로 가꾸

어 준다.

② 마사지 효과를 지속시켜 준다.

(4) 4단계(수렴 화장수)

① 모공을 수축시켜 피부결을 긴장감 있게 가다듬어 준다.

② 땀과 피지 분비를 억제하여 화장이 지워지는 것을 막는다.

(5) 5단계(영양 크림)

① 피부에 얇은 보호막을 만들어 수분 증발 억제로 촉촉함과 윤기를 준다.

② 세포의 기능을 돕는 성분을 효과적으로 공급한다.

(6) 팩

① 오기 차단으로 피부의 수분 증발을 막아 각질층에 수분 보유 능력을 높여 준다.

② 피부를 긴장시켜 피부결에 탄력을 준다.

③ 팩의 흡착 작용으로 떼어낼 때 모공 속의 더러움도 제거해 피부를 청결히 한다.

④ 피부에 필요한 성분의 흡수를 돕는다.

(7) 에센스

① 피부 영양과 보습 효과가 우수한 농축 미용액

② 손상된 피부의 회복 기능이 우수

③ 피부 거칠음 방지와 주름살 방지로 노화를 지연

(8) 아이 크림

① 연약한 눈 주위의 피부 조직을 재생 회복

② 눈 주위의 잔주름 방지로 노화를 지연

③ 피부 이완으로 인한 탄력 상실을 방지

5) 두발 손질 방법

손질 단계	효　　　　과	제　　　　품
브러싱	• 두피의 잔여물 제거 • 혈액 순환 촉진	
샴푸	• 청결 작용, 두피의 신진대사	
양모료	• 모발, 두피의 영양 공급	• 헤어토닉 : 두피의 가려움 방지, 혈행 촉진
정발료	• 모발 정돈, 영양 공급	• 헤어 리퀴드 : 자연스러운 정발 효과를 주는 액상 타입 • 헤어 크림 : 탄력과 부드러움을 주며 자연스러운 정발 효과를 주는 크림 타입 • 헤어 무스 : 자연스럽고 촉촉함을 주며 형태 고정 • 헤어 글레이즈 : 촉촉함과 윤기를 준다 • 헤어스타일링 젤 : 젤 타입으로 세팅 우수, 영양 · 보습효과 우수 • 헤어 스프레이 : 고정력, 세팅력 우수

염모제	• 일시 염모제 • 영구 염모제	• 헤어컬러 린스 : 모발 모습, 트리트먼트 효과 • 스케치 헤어컬러 : 암모니아가 없어 불쾌감이 없고 트리트먼트가 함유된 영구 염모제

3. 직장인의 멋내기

1) 양복 색상과 넥타이의 조화

양 복 색 상	어 울 리 는 색
짙 은 감 색	연청색, 자주색, 감청색
청 색	감색, 자주색, 감청색
옅 은 청 색	감색, 짙은 회색, 유록색
밤 색	자주색, 황토색, 적색
옅 은 밤 색	자주색, 짙은 감색, 쥐색
짙 은 감 색	청보라, 밤색, 감색
황 토 색	밤색, 청보라, 옅은 청색
자 주 색	밤색, 회색, 금황색
짙 은 갈 색	감색, 미색, 황토색
베 이 지	옅은 청색, 자주색, 회색
미 색	옅은 밤색, 감청색, 쥐색
아 이 보 리	황토색, 엷은 청색, 밤색
회 색	옅은 자주, 청록색, 검정
검 정 색	양회색, 쥐색, 미색

2) 세련된 넥타이 매기

① 길이 : 넥타이 끝에 바지의 벨트 버클을 약간 덮을 정도가 알
　　　　맞다. 이보다 짧으면 여유가 없어 보이고 길면 느슨한
　　　　느낌을 준다. 넥타이 길이를 살필 때는 내려다보지 말
　　　　고 거울에 비춰 보아야 정확하다.

② 폭 : 상의의 깃과 폭이 같은 넥타이를 메는 것이 잘 어울린다.

③ 매듭과 주름 : 깃이 넓은 넥타이는 매듭 밑에 움푹한 주름을
　　　　만들어 악센트를 준다.

④ 조끼를 입을 때 : 조끼 밑으로 넥타이가 빠져 나오지 않도록
　　　　주의한다. 또 매듭 밑 주름 부분을 손가락으로 살려 주
　　　　면 넥타이가 더욱 돋보인다.

※ 특별히 멋을 내는 사람이 아니더라도 용도, 색상, 패턴, 소재별
　등으로 5~10장 정도는 마련해 두는 것이 좋다. 신사 양복 한
　벌에 넥타이를 적어도 3장이 기본이다.

4. 호감도 테스트

※ 아래의 항목을 읽고 해당란에 ○표를 해주십시오

No	체 크 항 목	그렇다	그렇게 하려고 한다	그렇지 않다
1	인사는 내가 먼저, 상대에 알맞게 하고 있는가			
2	인사말은 언제나 밝고 큰 목소리로 하는가			
3	감사하는 태도와 웃는 얼굴로 인사를 하는가			
4	인사말은 타이밍에 맞고 적절한 표현을 쓰는가			
5	고객에 대해 인사에 이은 다음 말도 준비하는가			
6	인사는 중요하다는 인식을 늘 갖고 있는가			
7	청결감을 주는 복장을 염두에 두고 있는가			
8	머리를 청결히 하고 면도는 깨끗이 하는가			
9	넥타이는 양복과 잘 어울리는가			
10	와이셔츠나 블라우스는 깨끗한가			
11	규정에 따른 복장을 하고 있는가			
12	구두는 깨끗하고 양말이나 스타킹은 복장과 잘 어울리는가			
13	상냥한 태도를 늘 잊지 않고 있는가			
14	고객과 친숙한 해야겠다는 마음가짐이 있는가			
15	칭찬이나 위로의 말은 늘 머리 속에 정리되어 있는가			
16	고객이 지금 무엇을 찾고 있는지에 늘 신경을 쓰는가			
17	고객의 상황을 파악하려고 늘 애쓰는가			

18	고객을 위한 일을 최우선으로 하고 있는가			
19	일을 적절한 판단으로 재빠르게 처리하는가			
20	편지, 전화, 전보 등 마음이 통하는 일을 실행하는가			
21	전화는 정확, 간단, 정중하게 통화하는가			
22	전화 벨이 울리면 신속히 받는가			
23	전화를 끊을 때는 고객이 먼저 끊은 후 조용히 끊는가			
24	고객이 곤경에 처했을 때 먼저 말을 붙이는가			
25	고객과 대화중에전문 용어를 쓰지 않으려고 신경 쓰는가			
26	언어의 사용은 적절한가			
27	좋지못한 태도나 말투는 없는가			
28	말한 것은 반드시 실천하고 책임을 지는가			
29	약속은 반드시 지키는가			
30	고객 감동 서비스를 실천하겠다고 늘 생각하는가			
종합평가				

부 록

21세기인의 인프라 글로벌 에티켓 1000선집

1. 서양 에티켓의 기본개념은 상대방에게 호감을 주고 폐를 끼치지 않으며 존경하는 것이다.
2. 에티켓의 유래는 프랑스 베르사유궁전의 화원 주변에 말뚝을 박아 출입을 막았는데 이 말뚝에 씌어 있던 말이 프랑스어의 에티켓이다.
3. 오늘날 에티켓의 의미는 아름다운 화원을 훼손시키지 말라는 의미 뿐 아니라 남의 「마음의 화원」을 해치지 말라는 뜻으로 상대의 마음에 상처를 주지 않는다는 뜻으로 사용되고 있다.
4. 서양 에티켓에서 상석은 존경하는 상대를 항상 오른쪽에 있게 하는 것이다.
5. 의전(Protocol)이란 국가간의 예의범절로, 실수를 하게 되면 관계 중간의 외교문제라는 중대한 문제로 이어지게 된다.
6. 사교 에티켓은 상호주의 관념 즉, 받았으면 답례를 한다는 것이다.
7. 서구사회의 사교는 자택중심이다. 즉, 남자끼리 밖에서 만나는 공식 사교활동 외에도 집에서 부부 동반 사교 모임이 많다.
8. 에티켓은 나라·종교·종에 따라 다를 수 있다. T. P. O(Time, Place, Occation) 맞는 에티켓에 순응할 줄 아는 것이 올바른 에티켓이다.
9. 악수는 미소 띤 얼굴로 허리를 펴고 상대의 눈을 보며, 경건한 마음으로 해야 한다.
10. 악수의 순서는 손윗사람(연장자)이 손아랫사람에게 먼저 청한다.
11. 악수는 여성이 남성에게 먼저 청한다.

12. 악수는 선배가 후배에게 먼저 청한다.

13. 악수는 기혼자가 미혼자에게 먼저 청한다.

14. 악수는 상급자가 하급자에게 먼저 청한다.

15. 악수는 원칙적으로 오른손으로 해야 한다.

16. 악수시 오른손에 부상을 당했을 경우에는 왼손으로 할 수 있으나 왼손은 부정하게 여기므로 양해를 얻어 사양하는 것도 방법이다.

17. 악수시 손을 흔들 때는 상하로 가볍게 흔드는데 자신의 어깨보다 높이 올려 흔들어서는 안 된다.

18. 악수시 손을 쥘 때는 너무 세거나 약하지 않게 쥐는 것이 좋은 방법이다.

19. 여성과 악수를 할 때는 남자처럼 손을 흔들지 않는 것이 좋다.

20. 국가원수와의 악수는 머리를 숙여 인사를 한 후 국가원수가 내민 손을 잡고 악수에 응한다.

21. 상대가 악수를 청할 때는 남성은 반드시 일어서는 것이 에티켓이다.

22. 악수시 여성은 앉은 채로 받아도 되지만 젊은 여성은 일어나서 하는 것이 좋다.

23. 여성은 실외에서 악수하는 경우 장갑을 낀 채로 해도 무방하다.

24. 남성은 악수할 때 장갑을 벗는 것이 에티켓이다.

25. 공식 파티에서 호스테스인 경우에는 장갑을 낀 채로 악수를 청한다.

26. 리셉션 파티에서 리시빙라인에 서서 손님을 맞이할 때는 장갑을

끼고 할 수 있다.

27. 여성이 승마장갑 또는 청소용 장갑을 꼈을 때는 악수시 장갑을 벗
    어야 한다.

28. 여성의 경우 사교 모임에서 먼저 악수를 청하는 것이 에티켓이다.

29. 여성의 경우 남성에게 악수를 청하지 않아도 실례가 아니며 미소
    와 목례로 대신할 수 있다.

30. 여성은 초면의 남성에게는 악수보다는 가벼운 목례를 하는 것이
    더 자연스럽다.

31. 여성이 남성으로부터 작별인사를 받으면 악수로 응하는 것이 에
    티켓이다.

32. 유럽이나 라틴계 남미국가 일반 사교계에서는 남성이 여성의 손
    을 잡고 상반신을 굽혀 가볍게 손등에 입맞춤을 하는 인사도 있
    다.

33. 구미제국 유럽이나 라틴계나 슬라브계의 나라에서는 친척 또는
    친구 사이에 오랜만에 만났을 때 서로 포옹하며 양쪽 볼에 입을
    맞추는 인사를 한다.

34. 서양의 경우 남자에게 붙이는 경칭으로 이름 앞에 미스터(Mr.)
    를 붙여 사용한다.

35. 서양에서 결혼한 부인의 이름 앞에 붙이는 경칭으로 (Mrs.)를 사
    용한다.

36. 서양에서 Mrs.뒤에 남편의 이름이 오게 되어 있다.

37. 서양에서 미혼여성의 이름 앞에 Miss를 붙인다.

38. 서양에서 사회활동을 하는 현대여성들 사이에 Ms(M₂)를 사용하기도 한다. (남녀평등을 주장하는 여성주의자들이 Mr.에 대한 반발로 만들어진 경칭이다.)

39. 의사와 같은 전문 직업인이나 박사학위를 취득한 사람은 Mr. 대신 Dr.를 사용한다. (Dr.는 남녀불문 사용)

40. Sir는 상대방 남성에게 경의를 나타내는 칭호로서 말하는 사람이 스스로 지위를 낮춘다는 의미를 내포하고 있다.

41. 나이나 지위가 비슷한 사람끼리는 Sir를 사용하지 않는다.

42. 여성에게는 Sir를 사용하지 않는다.

43. 여성은 상대방이 아무리 지위가 높아도 나이가 비슷한 남성에게는 Sir를 사용하지 않는다.

44. 행사 모임에 참여한 사람들의 순위를 말하는 서열에는 공식적인 서열과 관례상의 서열이 있다.

45. 공식적인 서열은 귀족, 공직자 등의 신분별 직위나 관직에 대해 공식적으로 인정되어 있는 서열이다.

46. 관례상 서열은 일반사회 생활에서 사회적 예의로 정해 놓은 서열로서 사람과 장소에 따라 정해진다.

47. 같은 지위의 신분일 경우 연령으로 서열을 정한다.

48. 기혼 여성이 미혼여성보다 서열이 앞선다.

49. 공직자의 딸이 미혼이면 기혼자보다 서열이 아래 이다.

50. 미혼인 딸이 아내 대신 호스테스가 되는 경우에는 예외적으로 상석으로 소개한다.

51. 동일계급의 내, 외국인 사이에는 반드시 외국인을 상석에 오게 한
    다.

52. 두 가지 서열을 가질 때는 높은 쪽의 서열을 따른다.

53. 외국인이 동석한 파티의 서열에서는 여성을 우대한다.

54. 연회석에서 남성과 여성이 자리를 바꾸어야 할 때는 남성이 움직
    이는 것이 일반적이다.

55. 남성이 한 나라의 대표자격으로 참석한 경우는 나라마다 차이는
    있겠으나 대개의 경우, 남성이 여성보다 상석에 온다.

56. 단체의 서열과 그 단체장인 개인의 서열은 항상 일치하지는 않는
    다.(각 국 대사관의 서열과 대사 자신의 서열)

57. 공식서열에 있어 미국처럼 3권 분립이 명확히 이루어져 있는 나
    라에서는 제1순위는 공신을 거쳐 행정부에 종사하는 사람(대통
    령), 제2순위는 입법부에 종사하는 사람(국회의장), 제3순위는 사
    법부에 종사하는 사람(최고재판소의 장)이다.

58. 주빈에게는 상석을 주는 것이 원칙이다.(주빈보다 높은 지위의 사람을
    함께 초대하는 것은 삼가)

59. 관례상 많은 손님을 초대했을 때 서열을 정하는 기준은 ① 외국인
    ② 손님의 친구 중 초면의 사람 ③ 과거 공직에 있던 사람 ④ 처
    음 방문한 사람 ⑤ 가끔 초대받는 사람 ⑥ 자주 보는 손님 ⑦ 친
    척 순이다.

60. 여성간의 서열은 ① 기혼자 ② 미망인 ③ 이혼녀 ④ 미혼자 순이
    다.

61. 사적인 모임에서 서열기준은 ① 예전부터 정해진 서열 ② 가족의 지위와 모임의 목적 ③ 연령 ④ 사회적 지위 ⑤ 친척 순이다.

62. 외교관의 서열에 있어서 공관장은 직책에 따라 서열이 정해진다. ① 교황청 대사 ② 특명전권대사 ③ 특명공사 ④ 대리대사 ⑤ 대사대리

63. 공관장 이외의 외교관 서열은 ① 외교관 계급순 ② 동일계급간에는 학임 순위 ③ 각국은 재외공관에 근무하는 직원(외교직, 무관, 일반직)

64. 같은 계급에 있어 외교관이 무관보다 앞서며 무관은 그 밖의 주재관보다 앞선다.

65. 공관장인 영사는 그의 계급에 관계없이 외국 영사관원보다 서열이 우선한다.

66. 직업 영사는 같은 계급의 명예 영사보다 서열이 우선한다.

67. 같은 공관장인 경우 직업 총영사는 명예 총영사보다 서열이 우선한다.

68. 직업영사로서 같은 공관장인 경우에는 그 계급에 따라 서열이 정해지며 같은 계급일 경우 영사 인가장 발급일자 순위에 따른다.

69. 공관장 대리인 영사는 공관장인 영사 다음에 온다.

70. 우리나라의 서열관행은 ① 대통령 ② 국회의장 ③ 대법원장 ④ 국무총리 ⑤ 국회 부의장 ⑥ 감사원장 ⑦ 부총리 ⑧ 외무부장관 ⑨ 외국특명전권대사, 국무위원 순이다.

71. 미국의 서열관행

① 대통령 ② 부통령 ③ 하원의장 ④ 대법원장 ⑤ 전직대통령 ⑥ 국무장관 ⑦ 유엔 사무총장 ⑧ 외국대사 ⑨ 전직대통령 미망인 ⑩ 공사급 외국공관장 ⑪ 대법관 ⑫ 각료……

72. 영국의 서열관행

① 여왕 ② 귀족 ③ 켄터베리 대주교 ④ 대법관 ⑤ 요크 대주교 ⑥ 수상 ⑦ 하원의장 ⑧ 옥새상서 ⑨ 각국 대사 ⑩ 시종장관

73. 프랑스의 서열관행

A. 수상이 host하는 경우

① 외교단장(교황청대사) ② 대사 ③ 상원의장 ④ 하원의장 ⑤ 각료

B. 외국대사가 host하는 경우

① 총리 ② 상원의장 ③ 하원의장 ④ 외무장관 ⑤ 각료

74. 서양에서의 신년축하 에티켓

① 상사와 조부모는 새해 전날 밤에 방문 ② 부모, 백 부모, 형제 자매는 첫날 방문 ③ 사촌, 그 밖의 친지는 1주일 내에 방문 ④ 일반지인은 1주일 이내에 방문

75. 남성의 낮의 정식예복은 모닝코트(morning coat) 이다

76. 남성의 낮의 약식 예복은 색코트(sack coat)이다.

77. 남성의 밤의 정식 예복은 연미복(Tail coat)이다

78. 남성의 밤의 약식 예복은 턱시도(Tuxedo)이다.

79. 서양에서는 모임을 개최하게 되면 사전에 초대장을 보내는 것이 예의인데 초대장에는 반드시 복장에 대한 표시를 한다.

80. 초대장에 White Tie라고 표시된 것은 연미복을 착용하라는 것을

의미한다.

81. 초대장에 Black Tie는 턱시도를 착용하라는 것을 의미한다.

82. 남성의 연미복은 백색타이, 백색조끼, 백색장갑을 착용하는 것이 특징이다.

83. 남성의 턱시도는 영적이나 프랑스에서는 스모킹 자켓으로 불린다.

84. 남성의 턱시도는 오후 6시 이후에 입는 정장이라는 뜻에서 After Six라고도 부른다.

85. 남성의 연미복은 배 위에서는 입지 않도록 되어 있다.

86. 남성의 턱시도는 각종 파티, 극장이나 콘서트, 호텔, 클럽, 유람선에서의 만찬 등에 입는 편리한 복장이다.

87. 남성의 모닝코트는 국가 원수나 고위 공직자가 개최하는 공식 오전 행사, 정식 오찬이나 간단한 미팅, 공식 야유회, 교회 내에서의 의식, 경마 등 오전 행사에 착용되는 정식예복이다.

88. 오늘날 남성의 모닝코트는 주로 오전의 결혼식이나 장례식 등에 입는 정도이다.(장례식에 참석할 때는 검은색 넥타이, 검은색 장갑을 낀다.)

89. 남성의 색 코트는 모닝코트와 평상복의 중간 복장으로 오늘날에는 검은색 계통의 정장으로 대체되고 있다.

89. 남성의 색 코트는 주로 외교관계의 특수한 신분의 사람들이 공식적인 방문, 회의, 오찬, 다과회 등 주로 오전행사에 착용하는 옷차림이다.

90. 양복은 같은 옷을 매일 입지말고 두세 벌을 준비해 번갈아 입는
    것이 오래도록 입을 수 있고 더욱 품위 있어 보인다.
91. 양복의 재질은 너무 유난스러운 것이라든가 무늬가 너무 눈에 띄
    는 디자인은 삼가도록 한다.
92. 정장에는 흰색 드레스셔츠(Dress shirt)가 기본이다.
93. 와이셔츠 (Y-shirt)란 드레스셔츠를 일컫는 것으로 일본인들이
    흰색 셔츠(White shirt)를 와이셔츠라 발음한 데서 생겨난 잘
    못된 표현이다.
94. 드레스셔츠의 사이즈는 목둘레와 소매 길이로 측정하는데 목 부
    분과 소매 부분이 1cm~1.5cm 정도 보이도록 하는 것이 올바른
    방법이다.
95. 드레스셔츠의 깃과 소맷부리는 항상 빳빳한 상태를 유지하도록
    한다.
96. 조끼를 입을 경우 야간 복장 이외에는 조끼의 맨 밑의 단추 하나
    를 풀어놓는 것이 영국이나 미국 신사의 풍습이다.
97. 사람을 만날 때 조끼를 입지 않은 경우라면 상의의 한군데만이라
    도 단추를 채우는 것이 에티켓이다.
98. 양말은 색상에 특별히 신경을 써야 하는데 바지나 구두의 색상과
    같은 계통의 양말을 신는 것이 좋다.
99. 정장에 흰색 면양말은 절대 금물이다.
100. 구두는 검정색이나 짙은 갈색이 무난하며 광택이 나게 잘 닦아
    신는 것이 예의이다.

101. 구두도 양복과 같이 두세 켤레를 준비해 번갈아 신는 것이 세련
   되게 오래 신는 방법이다.

102. 주말에 교외에 나갈 경우에는 콤비 형태의 화사한 옷차림을 하
   는 것이 좋다.

103. 갈색 양복에는 옅은 Beige(베이지) 드레스셔츠가 잘 어울린다.

104. 남색 양복에는 Sky Blue(옅은 남색) 드레스셔츠가 잘 어울린다.

105. 짙은 회색에는 Light Grey(엷은 회색)셔츠가 잘 어울린다.

106. 드레스셔츠는 흰색이 기본으로 어느 정장에도 가장 무난하다.

107. 24시간 이상 여행을 하는 경우에는 신사복 대신 쉽게 더러워지
   지 않고 주름이 잘 가지 않는 종류의 여행복을 입는 것이 바람
   직하다.

108. 넥타이(Neck-Tie)는 남성들의 정장차림에 있어 하나의 상징으
   로 되어 있으며 여러 가지를 준비하여 요일별로 T.P.O에 따라
   양복 색상에 알맞도록 매는 것이 품위를 높여준다.

109. 넥타이는 얼룩이 있거나 더러운 것은 매지 않는다.

110. 넥타이 길이는 매어진 상태가 혁대에 살짝 닿거나 약간 길게 하
   는 것이 보기 좋다.

111. 조끼를 입었을 때는 조끼 아래쪽으로 넥타이가 보이지 않도록
   한다.

112. 목 부분이 헐렁하지 않도록 잘 당겨서 맨다.

113. 넥타이는 양복과 드레스셔츠의 색상과 조화를 이루는 색상을 선
   택하도록 하며 매일 바꿔가며 매는 것이 새롭게 보인다.

114. 체크무늬의 양복에 체크나 줄무늬 넥타이는 어울리지 않는다.

115. 진한 계통의 양복에는 밝은 색상의 타이가 잘 어울린다.

116. 장식 수건은 턱시도나 연미복에는 흰색의 장식 수건을 꽂는 것이 매너이며 기타 정장 차림에서는 넥타이의 색상과 같은 것으로 센스 있게 꽂는 것이 좋다.

117. 남성의 경우 필수적인 장신구 이외에는 되도록 보석을 사용하지 않는 것이 좋다.

118. 다이아몬드처럼 빛이 나는 보석은 야간 복장에서의 커프스버튼 이외에는 되도록 사용하지 않는다.

119. 다이아몬드가 박힌 넥타이핀을 한다거나 다이아몬드반지를 하는 것은 오히려 품위가 없어 보인다.

120. 커프스버튼은 주간에는 금으로 된 원형제품이나 각이 있는 것으로 지나치게 장식적인 것은 피한다.

121. 야간에 커프스 버튼은 화이트골드(백금을 합금한 제품)나 백금의 제품이 좋다.

122. 남성의 반지는 새끼손가락에 낀다. 단 결혼반지는 왼쪽 약지에 낀다.

123. 조끼를 입지 않았을 때는 클립 식의 넥타이핀은 금으로 된 단순한 형태의 것이 좋다.

124. 손목시계는 금속 끈으로 된 시계보다는 가죽끈으로 된 손목시계가 더 고상해 보인다.

125. 손목시계는 야간예복차림의 경우에는 하지 않는 것이 올바른 방

법이다.

126. 디지털 전자 손목시계는 정장 외에는 착용하지 않는 것이 좋다.

127. 넥타이핀은 양복에 따라 드레스셔츠의 4번째 단추를 기준의 약
     간 위 또는 아래에 위치하도록 한다.

128. 여성에 있어 옷차림은 바로 첫인상으로 연결되며 태도나 대화의
     기술은 부가적인 것이다. 여성의 옷차림의 기준이 되는 것은 유
     행이다.

129. 여성의 옷차림에서 유행을 무조건 따르는 것이 아니라 유행을
     자기 자신에게 맞게 받아들이는 여성이 세련된 여성이다.

130. 여성의 옷 선택은 강도와 모임의 성격에 따라 달라져야 한다.

131. 여성은 오후 1시부터 6시까지 낮 동안에는 가장 산뜻한 옷차림
     을 해야 한다.

132. 주간복장으로 거리를 다닐 때는 부인들은 모자를 쓰는 것이 더
     고상해 보인다. 모자를 쓴 경우에는 반드시 장갑을 끼는 것이
     예의이다.

133. 여성의 이브닝 드레스(Evening Dress)는 남성의 연미복에 상
     응하는 정식 야간 복장이다. (모자는 쓰지 않는다.)

134. 여성의 애프터눈 드레스, 칵테일 드레스는 남성의 모닝 재킷이
     나 색코트에 어울린다.

135. 한국 여성의 예복으로 잘 어울리는 옷은 한복이다. 전통과 특색
     이 있고 한국 여성의 몸매를 가장 아름답게 표현해 주기 때문이
     다. 한복에는 기본적으로 액세서리를 하지 않는다. (한복에 목걸이

는 금물)

136. 여성의 평상복장은 색상, 형태, 스타일 모두가 자신에게 잘 맞아
     야 하며 계절에 따라 유행을 존중한다.

137. 서양에서 일반적인 선물로서 어린아이에게는 완구, 그림책, 장
     난감 정도가 좋다.

138. 서양에서 성인에게는 넥타이, 책, 문구류, 핸드백, 액세서리 등
     으로 선물을 한다.

139. 서양에서 젊은 여자 친구에게는 생화, 서적, 과자 류 정도로 선
     물하는 것이 좋다.

140. 서양에서 혼인 예식장에서 대개 앞쪽은 신랑 신부의 친척이나
     친한 친구들의 좌석으로 정하며 신부측 가족은 왼쪽 신랑측 가
     족은 오른쪽에 앉는다.

141. 아는 사람이 병에 걸린 사실을 알게 되면 가능한 빠른 시일 내에
     문병을 가는 것이 에티켓이다.

142. 문병 시 중병일 때는 무리해서 꼭 본인을 만날 필요가 없으며
     환자 가족을 통해 신속한 쾌유를 바라는 뜻을 전하면 된다.

143. 문병은 직접 찾아가는 것이 예의이나 상황이 여의치 않을 시는
     명함에 "To inquire" 또는 "P.P.N" (pour prendre
     nouvelle: 쾌유를 빕니다)를 적어보내도 무방하다.

144. 문병시 환자의 집이든 병원이든 꽃을 선사하는 것이 가장 무난
     하다.

145. 문병을 받은 경우에는 완쾌 후 적당한 시기에 자신을 찾아왔던

모든 사람을 방문하여 고마움을 표현하는 것이 에티켓이다.

146. 조문은 친척이나 평소 친분이 두터웠던 사람은 영주가 안치되어
   있는 장소에서 조문하지만 안면이 있는 정도의 사람이 영전 앞
   의 유족에게 조의를 표하는 것 은 오히려 실례가 될 수 있으므
   로 조문명함으로 대신해도 상관 없다.

147. 조문시간은 15분 정도가 좋다.

148. 조문명함은 상가에 가서는 명함에 "with deep symgathy" 또
   는 소문자로 P.C (pour condoler:조의를 표합니다)라고 적어 놓고
   온다.

149. 사망통보를 받으면 위로편지를 보내며 필히 손으로 써야 하고
   깊은 애도의 뜻이 전달되도록 한다.

150. 카톨릭에서는 제단에 일반 조화는 놓지 못하게 되어있다.

151. 유태교에서는 조화를 절대로 받지 않는다.

152. 서양에서 장례식은 대부분 교회에서 치러진다.

153. 교회에서 행하는 장례식장에서는 다른 사람들과 눈에 띄게 인사
   를 나누지 않고 가벼운 목례로 대신한다.

154. 장례식장에서 다른 사람과 인사말은 작은 목소리로 하며 되도록
   밖으로 나와 이야기하는 것이 예의이다.

155. 장례식장에서 좌석은 유족석이 제단을 향해 오른쪽 앞줄부터이
   며 내빈석은 왼쪽 앞줄부터이다. 지인 이나 친지는 유족 석 뒤
   쪽에 앉으면 된다.

156. 장례식의 복장은 모닝코트를 입으며 검은 넥타이와 검은 장갑을

착용하는 것이 보통이다.

157. 장례식에서 미국과 영국에서는 검은 장갑 대신 회색 장갑을 낀
    다.

158. 카톨릭의 영향을 받는 프랑스에서는 팔에 상장을 두르며 모자에
    는 검은 띠를 두르기도 한다.

159. 구미에서는 1년 상이라 하여 1년 간을 바깥 출입이나 행동을 삼
    간다.

160. 상중인 미망인의 경우, 20일간 혹은 3주간은 아주 절친한 사이
    가 아니면 방문객을 받지 않고 6개월 간은 남을 방문하지 않는
    다.

161. 상중 1년 간은 무도회나 대형 연회에 참석하지 않는 것이 예의
    이다.

162. 상중 남성은 미망인의 경우처럼 엄격한 제한을 받지는 않지만
    적어도 2개월 간은 사교 모임에 참석을 삼가는 것이 예의이다.

163. 상중인 사람의 옷차림으로 남자는 원래 양복, 넥타이, 양말, 구
    두까지 모두 검은색으로 셔츠만 흰색으로 입고 모자나 저고리
    의 왼쪽 소매에 상장을 다는 것이 원칙이다.

164. 상중인 사람의 옷차림으로 여성은 검은색 드레스를 입는다.

165. 상중 아이들의 경우 장례가 끝나면 평상복으로 갈아입는다.

166. 상중 어린아이에게는 검은 상복을 입히지 않는다.

167. 상중의 명함과 편지지, 편지봉투에는 검은 테두리를 두른 것을
    사용한다. 답신 용지도 검은 테두리를 하는 것이 예의이다.

168. 소개하는 순서는 이성간에는 남성을 여성에게 소개한다.

169. 소개할 때 반드시 손윗사람이 손아랫사람을 소개한다.

170. 소개할 때 지위가 낮은 사람을 높은 사람에게 소개한다.

171. 소개할 때 후배를 선배에게 소개한다.

172. 소개할 때 연소자를 연장자에게 소개한다.

173. 소개할 때 중요한 사람에게 덜 중요한 사람을 소개한다.

174. 소개할 때 아무리 중요한 사람이라 하더라도 지위가 아주 높은 경우가 아니면 여성을 먼저 남성에게 소개하는 것은 실례가 된다.

175. 소개할 때 미혼인 사람을 혼인한 사람에게 소개한다.

176. 소개할 때 집안식구인 경우는 자기 식구를 다른 사람에게 소개하는 것이 예의이다.

177. 소개시 소개받는 사람과 소개되는 사람 모두 일어서는 것이 원칙이다.

178. 소개시 동성끼리 소개받을 때는 서로 일어선다.

179. 소개시 성직자, 연장자, 자신보다 지위가 매우 높은 분을 소개받을 때는 남녀 관계 없이 일어서는 것이 원칙이다.(노령인 사람, 환자의 경우는 예외)

180. 소개시 남성이 여성을 소개받을 때는 반드시 일어선다.

181. 소개시 여성이 남성을 소개받을 때는 반드시 일어날 필요는 없다.

182. 소개시 나이가 많은 부인이나 앉아있던 여성은 그대로 앉아 있

어도 무방하다.

183. 소개시 주최한 호스테스의 경우에는 상대가 남성이더라도 일어
　　　나는 것이 에티켓이다.

184. 소개시의 악수는 소개가 끝나면 악수로 인사한다.

185. 소개시의 악수는 동성간에 주로 이루어지며 이성간일 때에는 여
　　　성은 목례로 대신한다.

186. 소개시 악수를 할 때 소개를 받았다고 바로 손을 내밀지 않는다.

187. 연소자가 연장자에게 소개되었을 때에는 상대방이 악수를 청하
　　　기 전에 손을 내밀어서는 안 된다.

188. 소개시 연장자가 악수 대신 간단히 인사를 하면 연소자도 이에
　　　따른다.

189. 소개시 악수나 목례 시에는 얼굴에 미소를 띤다.

190. 소개시 외국인 부부를 소개받는 경우 동성간에는 악수를 하고
　　　이성간에는 간단한 목례를 대신한다.

191. 미국에서 인사 후에 곧바로 “Nice to meet you.” 등을 사용하
　　　는데 초면 일 때는 “meet”, 두 번째부터는 “see”를 사용한다.

192. 미국에서 매우 가까운 사이에는 “Hi”(Hi, James.)를 사용하여
　　　격식 없는 인사를 하기도 한다.

193. 기혼여성에 대해서는 어떤 경우라도 남성을 먼저 소개하는 것이
　　　에티켓이다.

194. 아무리 높은 지위의 남성이라도 기혼여성을 먼저 소개하는 것은
　　　실례이다.

195. 18세 이상의 미혼 여성이 방문객인 경우에는 레이디(Lady)로
     서 대해야 하며 그 이하의 연령이라면 먼저 소개해도 무방하다.
196. 딸이 부모와 함께인 경우라면 부모와 동년배인 남성에게 먼저
     소개한다.
197. 기혼 여성에 대해서 보통 남성을 먼저 소개하는 것이 예의이나
     왕, 대통령, 왕족, 성직자의 경우에는 부인을 먼저 소개하는 것
     이 에티켓이다.
198. 자기소개를 할 때 Mr, Mrs, Miss라든가 자신의 직함을 붙이지
     않도록 한다.
199. 대형파티, 댄스파티, 결혼리셉션 등 아는 사람을 중심으로 모이
     게 된 경우에는 서로 대화를 나누며 자기소개를 해도 무방하다.
200. 대형연회에서 같은 테이블에 앉게 된 경우 서로 대화를 해야 하
     므로 자기소개를 하며 상대를 물어봐도 무방하다.
201. 남성이 여성에게 자기소개를 할 때 Mr.를 붙이는 것을 삼가야
     한다.
202. 외국인을 소개받을 때는 상대의 이름을 주의 깊게 듣고 이름을
     기억하려고 노력해야 한다.
203. 파티에서의 소개는 주최측의 중요한 역할이므로 초청한 손님의
     이름, 직업, 지위 등을 사전에 기억해 두었다가 능숙하게 소개
     해야 한다.
204. 만찬이나 오찬시 손님을 소개할 경우에는 주빈에게 손님을 소개
     한다.

205. 호스테스는 손님과 인사를 주고받은 후 주빈이나 지위가 높은
     사람에게 소개한다.

206. 파티에 외국인이 참가한 경우 호스트는 되도록 대화가 가능한
     사람을 외국인에게 먼저 소개한다.

207. 파티에서 손님이 많을 때는 손님 전부를 소개할 필요가 없으며
     외국인은 가능하다면 참석자 전원에게 소개한다.

208. 정식 만찬 시에는 남자손님을 필히 파트너에게 소가한다.

209. 호스테스가 남성의 파트너를 소개할 수 없는 분위기에서는 남성
     이 여성에게 가서 자기 소개를 해도 무방하다.

210. 리셉션에서 주빈에게는 모든 손님을 소개한다.

211. 리시빙 라인에서의 접객이 끝난 후에 도착한 손님은 호스테스가
     주빈이 있는 곳으로 안내하여 소개시킨다.

212. 처음 온 손님의 경우 호스테스가 먼저 온 손님들에게 소개해 준
     다.

213. 칵테일파티에서 처음 온 손님을 소개하는 것은 10~20명 정도
     가 적당하다.

214. 리셉션에서 손님이 무리를 이루고 있을 때는 처음 온 손님을 그
     곳으로 데려가 소개한다.

215. 초면시 대화에서 논쟁의 우려가 있는 정치, 종교, 금전상의 화제
     는 상식적으로 금기시 되어 있다.

216. 초면시 대화의 내용은 문학, 예술, 시사, 뉴스, 스포츠, 여행 등
     에 관하여 언제라도 화제로 선택해도 좋다.

217. 초면 대화시 혼자서 일방적으로 말하거나 조용히 앉아만 있거나 가족 자랑만 늘어놓는 것은 삼가야 한다.

218. 소개를 받고 나서 헤어질 때 작별인사는 적은 인원의 경우 소개받았던 모든 분들께 인사하는 것이 에티켓이다.

219. 파티에 참석한 사람이 많을 경우 전원에게 일일이 작별 인사할 필요는 없고 호스테스, 호스트, 자신의 주위사람들에게 작별인사를 한다.

220. 작별인사는 다른 사람의 주의를 끌지 않도록 작은 목소리로 정중하게 한다.

221. 작별인사말은 특별한 경우가 아니면 "Good-bye" 정도로만 끝나는 것이 좋다.

222. 작별인사를 할 때는 소개받을 때와 마찬가지로 일어서는 것이 에티켓이다.

223. 영국에서는 초대받을 손님을 주체자가 반드시 소개하는 것이 특징이다.

224. 프랑스 등 유럽에서는 주체자의 소개를 기다리지 않고 손님끼리 인사를 나눈다.

225. 유럽, 남미에서는 남성을 필히 참석한 모든 여성, 연장자 및 손윗사람에게 소개해야 한다.

226. 유럽, 남미에서 나이가 어린 여성은 연장자인 여성 전원에게 소개하도록 되어 있다.

227. 대륙 식에서 여성이 자기보다 연장인 여성, 혹은 자기 남편보다

지위가 높은 사람의 부인을 소개받았을 때는 적어도 1주일 이
내에 상대방에게 명함을 보내는 것이 에티켓이다.(부인의 남편과
안면이 없어도 그 남편에게도 자기 남편의 명함을 함께 보내는 것이 에티켓)

228. 공공장소(노상, 극장, 경기장, 승마장, 호텔, 레스토랑 등)에서 아는 사
　　 람을 만났을 때 동반한 친구는 상황을 보아 소개하는 것이 좋
　　 다.

229. 노상에서 소개받아 악수를 할 때 남성은 여성에 대해서 반드시
　　 장갑을 벗는 것이 에티켓이다.

230. 소개장을 전달하는 시간은 대개 오후 3시~4시가 좋다.

231. 방문시 특별히 신경 써야 하는 것은 시간에 대한 에티켓이다.

232. 사교적이든 업무적 목적이든 방문시는 먼저 상대방의 형편에 따
　　 라 약속시간을 정해야 한다.

233. 방문에 있어서는 무엇보다도 약속을 한 시간에 필히 도착하고자
　　 하는 마음 자세가 중요하다.

234. 구미에서 사교적 목적의 방문시간은 대략 점심식사 후인 오후3
　　 시 이후부터 저녁식사 전으로 인식되어 있다.

235. 가장 적당한 방문시간은 오후 4~6시경이다.

236. 구미의 관습에서 오전시간은 사교방문을 삼가는 시간으로 인식
　　 되어 있다.

237. 구미에서 오전 중 방문은 병문안이나 조문의 경우이다.

238. 남의 방이나 사무실에 들어갈 때는 노크하는 것이 에티켓이다.
　　　 (병실의 경우는 의사가 검진중일 경우를 제외하고는 그냥 들어가도 무방)

239. 처음 방문할 때 머무르는 시간은 도착 후 약15분 정도 머물다가
　　 일어서는 것이 에티켓이다.

240. 방문하여 이야기 도중 다른 손님이 찾아왔을 때는 되도록 빨리
　　 이야기를 끝내도록 해야 하며 새로 온 손님을 5분 이상 기다리
　　 게 하는 것은 실례이다.

241. 방문시는 먼저 현관에서 본인의 이름을 알려주어야 한다.

242. 방문시 가정부가 문을 열었을 경우 명함을 줄 필요는 없으며 명
　　 함은 주인에게 직접 전달하는 것이 에티켓이다.

243. 현관에서 방문객을 오래 기다리게 해서는 안 된다.

244. 방문객 대기실에서는 남녀 모두 외투나 장갑을 벗지 않아도 된
　　 다.(남성은 모자나 레인코트는 벗는다.)

245. 우리나라에서는 현관에 들어서면 외투나 장갑을 벗는 것이 예의
　　 이나 구미에서 외투는 복장의 하나로 인식되어 있으므로 자신
　　 의 집 이외의 장소에서는 입고 있어도 무방하다.

246. 서양에서 시간이 걸리는 대화시는 외투를 벗는 것이 에티켓이
　　 다.

247. 서양에서 사전에 면담이 짧게 약속된 경우 외투를 벗는 것은 장
　　 시간 면담을 원하는 뜻으로 알고 상대가 당황해 할 수도 있다.

248. 방문시 주인과 만나기 위해 가정부가 응접실로 안내하면 방문객
　　 은 모자와 외투를 가정부에게 맡긴다.

249. 여성은 양산, 손에 든 물건은 가정부에게 맡기되 외투는 맡기거
　　 나 그대로 입는다.

250. 남자는 외투, 지팡이, 장갑 등을 가정부에게 맡긴다.

251. 방문시 여성은 장갑을 끼고 있는 것이 당연하지만 음료나 다과
를 제공받을 경우를 대비하여 방에 들어가면 벗는 편이 좋다.

252. 방문시 방에 들어가면 의자에 앉되 다른 여성방문객이 있을 경
우에는 주인이 권하기까지 서있는 것이 에티켓이다.

253. 서양에서 좌석은 입구에 가까운 쪽이 말석이다.

254. 서양에서 응접실에 있는 긴 의자는 손윗사람이 앉는 자리로 되
어 있다.

255. 방문하여 착석시는 의자 중앙에 허리를 깊숙이 하여 차분한 자
세로 앉아야 한다.

256. 방문하여 착석시 긴 소파의 경우 의자의 끝 부분에 앉는다.

257. 방문처에서 의자에 앉을 때 다리를 꼬거나 벌리지 않도록 하며
양손은 무릎 위에 올려놓는 것이 좋다.

258. 처음 방문시 대화시간은 15~20분간 대화하며 머무르는 것이
적당하다.

259. 방문시 명함은 남성이 기혼여성을 처음 방문하고 떠날 때에는
부인의 남편 앞으로 명함을 남겨놓는 것이 에티켓이다.

260. 방문시 남성이 미망인이나 미혼여성의 경우에는 명함을 남겨놓
을 필요가 없다.

261. 방문자가 미혼여성일 경우에는 부인의 남편 앞으로 명함을 남겨
놓을 필요가 없다.

262. 방문객이 기혼여성일 때는 상대방 남편에게 자신의 남편 명함을

남긴다.

263. 방문시 남편이 집에 있거나 함께 이야기를 나누었을 경우에는 명함을 놓을 필요가 없다.

264. 방문을 받았을 때는 꼭 답방을 하는 것이 에티켓이다.

265. 부부가 같이 방문했을 때는 부부가 함께 답방하는 것이 에티켓이다.

266. 부부가 답방 해야 함에도 남편이 불가피한 사정으로 부인만이 방문한 경우에는 돌아올 때 남편의 명함을 놓아두면 남편의 방문을 대신하는 의미로 전해진다.

267. 독신인 남성이 부부를 방문했을 경우 답방은 남편 혼자서 답방하면 된다.

268. 돌아올 때 그 집의 가정부와 악수를 하지 않는 것이 에티켓이다.

269. 가정부에게 팁을 건네주는 시기는 떠나오기 전이 좋으며 주인 앞에서는 피해야 한다.

270. 처음 소개받은 손윗사람으로부터 한번 놀러오라는 초대를 받았을 경우 1주일 이내에 그 사람을 방문하는 것이 에티켓이다. (주로 부인들 사이)

271. 안면이 없는 사람으로부터 초대시는 3일 이내에 방문하는 것이 에티켓이다.

272. 여성이 저녁 파티에 초대받았을 시는 참석 여부에 관계없이 2~3주일 이내에 상대방의 부인을 방문하는 것이 에티켓이다.

273. 만찬에 초대받았을 시는 1주일 이내에 감사의 편지를 보내는 것

이 에티켓이다.

274. 일반관례로서 방문은 혼인시는 신홍여행을 다녀온 후 2주내에 방문하는 것이 에티켓이다.

275. 출산시는 통지를 받은 후 2주 내에 방문하는 것이 에티켓이다.

276. 조문의 경우를 제외하고는 반드시 답방을 해야 하는데 빠른 시기에 하는 것이 에티켓이다.

277. 최초 방문에 대한 답방을 3주가 지나도록 하지 않았다거나 감사편지를 보내지 않은 경우에는 교제를 기피하는 것으로 상대방이 오해할 수 있다.

278. 새로 이사온 사람의 방문을 받고 나면 적어도 2주내에 답방하는 것이 에티켓이다.

279. 여성은 어떤 경우라도 남성의 방문에 대해 답방할 필요가 없다.

280. 서양인과의 교제에 있어서 교제상의 방문은 부인들만이 아니라 남성들도 더불어 해야 한다.

281. 명함은 자신의 신분을 알리며 그 사람의 모든 것을 말해주는 것이므로 일정한 규격으로 제작하여 올바르게 사용해야 한다.

282. 여성이 남성측에 명함을 보내는 것은 절대금물이다.(조문, 문병의 경우 예외)

283. 남성이 부인을 소개받았을 때 8일 이내에 그 부인과 남편에게 명함을 보내는 것이 에티켓이다.

284. 남편의 지위가 높은 부인을 소개받은 기혼여성은 자신의 명함을 남편의 명함과 함께 8일 이내에 상대에게 보내는 것이 에티켓

이다.

285. 경축일, 새해 및 기타 경사에 대한 축하시에는 p.f (pour feliciter = to express congraturation: 축하합니다.)를 적은 명함을 보낸다. 상대방은 p.r (pour remercier = to express thanks : 감사 드립니다.)이라 적힌 명함을 보낸다.

286. 이임 혹은 작별의 뜻을 표할 때는 p.p.c(pour prendre conge=to say good-bye : 작별인사 드립니다.)의 명함을 보내 인사를 대신한다.

287. 안면이 없는 사람으로부터 처음 초대를 받았을 경우 3일 이내에 상대방 부인을 방문해 예의를 표하며 남편의 명함을 놓고 온다.

288. 오늘날에는 격식을 갖춘 파티를 제외하고는 칵테일파티 등에 초대시 명함을 놓고 오지 않아도 상관없다.

289. 딸이 호스테스를 대신하는 파티에는 딸에게 명함을 감사의 표시를 하는 것이 에티켓이다.

290. 감사표시의 명함에 대해서는 회신을 보내지 않아도 된다.

291. 서양인들 사이에 명함을 주고받는 일은 서로 알고 나서 교제를 더한층 긴밀히 하기 위한 예의에 지나지 않는다.

292. 서양에서 초면에 명함을 내미는 경우는 비즈니스 상이 아니면 거의 없으므로 서양인과 교제시 주의해야 한다.

293. 사교용 명함은 사교용으로 업무용 명함은 업무 시에만 사용해야 한다.

294. 사교용 명함은 성명과 주소만을 기입하지만 업무용 명함은 성

명, 회사주소, 직위 등을 기입한다.

295. 레스토랑에서 즐거운 식사를 하기 위해서는 반드시 예약을 해야
    한다.

296. 테이블 매너는 시간엄수를 특히 요구하므로 확실히 지킬 수 있
    는 시간으로 예약해야 한다.

297. 레스토랑의 예약변경사항이 발생하였을 경우에는 미리 연락하
    여 변경하는 것이 에티켓이다.

298. 레스토랑을 이용할 때 입구에 들어서면 지배인 또는 리셉션리스
    트(Receptionist)로부터 테이블까지 안내를 받는 것이 매너이
    다.

299. 레스토랑에서는 대개 안내자가 제일 먼저 빼주는 자리가 최 상
    석이므로 그 날의 주빈을 앉도록 한다.

300. 레스토랑에서 대개 최상 손님은 고령의 여성이나 처음 초대한
    사람, 혹은 사회적 지위가 높은 유명 인사가 된다.

301. 레스토랑에서 호스트의 친구나 친척 등은 말석에 앉는다.

302. 레스토랑에서 좌석에 앉을 때는 남녀가 번갈아 가며 앉는다.

303. 레스토랑에서 가장 중요한 여성 손님은 호스트의 오른쪽에 앉는
    다.

304. 레스토랑에서 두 번째 중요한 여성 손님은 주빈 남성손님의 오
    른쪽에 앉게 한다.

305. 레스토랑에서 부부나 커플이 함께 한 경우에는 나란히 앉지 않
    고 떨어져 앉도록 한다.

306. 레스토랑에서 좋은 자리의 조건은 첫째 앉았을 때 조망이 좋은
     자리가 최상석이다.

307. 레스토랑에서 두 번째 좋은 자리의 조건으로는 마음이 편한 곳
     이다. 즉, 통로쪽, 사람이 많이 오가는 곳, 의자의 등받이가 스
     치는 곳, 입구에 가까운 곳 등은 상석이 아니다.

308. 서양에서 레이디 퍼스트(Lady First)의 여성 존중사상이 에티
     켓의 기본이다.

309. 레스토랑에서 자리에 앉을 때는 남성보다 여성이 먼저 앉도록
     되어 있다.

310. 레스토랑에서 고령자, 연장자, 여성들과 함께인 경우라면 남성
     은 그들이 앉을 때까지 의자 뒤에 서서 기다리거나 여성의 착석
     을 보조해 주는 것이 에티켓이다.

311. 레스토랑에서 웨이터나 남성이 의자를 빼주면 왼쪽에서부터 의
     자 앞으로 가서 앉는다.

312. 레스토랑에서 착석시 허리를 깊숙이 해서 앉고 상체를 꼿꼿이
     세운다.

313. 테이블에서 아무것도 하지 않을 때 손은 무릎 위에 올려놓는다.

314. 테이블에서 팔꿈치를 테이블 위에 세우거나 턱을 괴는 등 행위
     를 삼간다.

315. 편안하고, 품위 있고, 상대에게 부담을 주지 않고 맛있게 식사를
     하려는 데 있다.

316. 테이블에서 가슴까지는 대개 주먹 두 개 만큼의 거리를 두면 된

다.

317. 레스토랑에 들어갈 때 모자, 코트, 가방 등의 짐은 클로크룸에
맡기는 것이 원칙이다.

318. 테이블에서 여성은 핸드백을 자신의 등뒤 의자의 뒤쪽에 놓는
다.

319. 테이블에서 냅킨은 자리에 앉자마자 성급하게 펴지 않도록 한
다.

320. 테이블에서 여성은 입술의 루즈를 냅킨으로 닦아내는 것은 삼가
도록 한다.

321. 보조를 맞추어 냅킨을 반을 접어 무릎 위에 편다.

322. 테이블에서 식사 중 잠시 자리를 뜰 경우에는 냅킨을 의자 위에
놓고 간다.

323. 테이블에서 식사가 끝난 후 일어설 때 냅킨을 간단히 접어 테이
블 왼쪽 위에 올려놓는다. (식사 후 의자 위에 놓지 않도록)

324. 테이블에서 나이프는 오른손에 포크는 왼손에 잡는다.

324. 양식에서 나이프와 포크는 코스에 따라 각각 다른 것을 사용한
다.

325. 테이블에서 나이프와 포크는 바깥쪽에 있는 것부터 안쪽으로 순
서대로 사용한다.

326. 테이블에서 나이프와 포크를 동시에 사용하여 고기를 자를 때에
는 끝이 서로 직각이 되게 하며 팔꿈치를 옆으로 벌리지 않고
팔목 부위만을 움직여 자른다.

327. 식사 중 포크와 나이프는 접시 양쪽에 걸쳐놓거나 접시 위에 서
　　　로 교차해서 놓는다.
328. 식사가 끝났을 때는 접시 중앙의 위 부분에 나란히 놓는다.
329. 나이프, 포크, 스푼을 사용했을 경우에는 바깥쪽부터 나이프,
　　　포크, 스푼 순으로 가지런히 모아 놓는다.
330. 음식물을 입에 넣고 씹을 때에는 포크와 나이프는 접시 위에 놓
　　　도록 한다.
331. 식사 중 나이프를 입안에 직접 넣는 것은 금기로 되어 있다.
332. 식전주는 식욕을 촉진시키기 위해 마시는데 대표적인 식전주는
　　　세리(Sherry)주 이다.
333. 세리주는 스페인산 백포도주로 맛이 담백하고 다소 곰팡이 냄새
　　　가 나는 듯한 것이 특색이다.
334. 세리주에는 크림세리(Cream Sherry)와 드라이 세리(Dry
　　　Sherry)가 있는데 크림세리는 여성에게 드라이 세리는 남성에
　　　게 잘 어울린다.
335. 정식 만찬에서는 세리주와 함께 베르무트(Vermouth)를 식전
　　　주로 마신다.
336. 베르무트는 백포도주에 여러 가지 약초와 향초 등을 가미한 것
　　　으로 드라이한 프랑스 베르쿠트와 약간 단(Sheet)이탈리아 베
　　　르무트가 있다.
337. 식전용 칵테일로는 남성의 경우 마티니 여성의 경우 맨해트가
　　　좋다.

338. 요시음 칵테일중에 키르(Kir)또는 키르 로얄(Kir Royale)이
　　　라는 것이 있다.

339. 키르는 크림 드카시스라는 리쿠어에 백포도주를 혼합한 것이고
　　　키르 로얄은 샴페인을 혼합한 것이다.

340. 기타 식전주로는 마가리타, 캄파리, 듀보네, 샴페인 등이 있다.

341. 술을 마시지 못하는 사람이나 여성의 경우 식전주를 함께 마실
　　　때는 진저엘이나 쥬스 등을 마시는 것이 매너이다.

342. 차가운 술인 경우에는 글라스의 목 부분을 잡는다.

343. 식전주는 너무 시간을 끌며 마시지 않는다.

344. 식전주는 한두 잔 정도로 끝내도록 하며 식사 전에 너무 많이
　　　마셔 취하는 일이 없도록 한다.

345. 전채 요리는 식욕을 촉진키 위해 식사 전에 가볍게 먹는 요리로
　　　서 불어로는 '로르되브르'라고 한다.

346. 프랑스에서 메인 코스 전에 먹는 요리를 총칭하며 '앙뜨레'라고
　　　하는 경우도 있다.

347. 서양 요리에서는 요리가 나오는 대로 바로 먹기 시작하는 것이
　　　매너이다.

348. 서양요리는 가장 먹기 좋은 온도일 때 서브되고 좌석 배치에 따
　　　라 상석부터 제공된다.

349. 서양에서 다른 사람과 함께 식사할 경우 윗분이 먼저 나이프와
　　　포크를 잡은 후에 먹기 시작한다.

350. 여러 사람이 각각 다른 요리를 주문한 경우 요리가 나오는 시간

이 서로 다를 수 있으나 이때 식사의 시간은 조금씩 달라도 되지만 끝내는 시간을 맞추도록 하는 것이 매너이다.

351. 전채 요리는 너무 많이 먹지 않는다.

352. 전채요리는 식사 전에 식욕촉진제와 같은 것으로 뒤에 나올 고기요리를 맛있게 먹기 위해 위액의 분비를 활발하게 하는데 목적이 있다.

353. 메뉴와 전채 요리가 있다고 해서 반드시 전채를 먹어야 하는 것은 아니다.

354. 전채 요리의 캐비어는 색이 옅고 클수록 좋다.

355. 차가운 전채 요리의 대표적인 것은 캐비어(철갑상어의 알), 푸아그라(거위의 간)가 없다.

356. 캐비어는 벨루가, 오세트라, 세브루가의 등급으로 나누어지며 벨루가가 1등급이다.

357. 기타 차가운 전채로는 생굴이나 훈제연어도 좋다.

358. 따뜻한 전채로는 파이, 또는 메스카르고(식용달팽이)가 맛이 뛰어난 전채로 꼽힌다.

359. 비슷한 맛의 요리는 겹쳐서 먹으면 미각에 상쇄되기 때문에 나중 요리는 생략하는 것이 좋다.

360. 전채 요리로 나온 샐러리, 파스리, 양파, 당근 등은 손으로 먹어도 된다.

361. 전채 요리로 나오는 생굴은 생굴용 포크를 관자 부분을 떼낸 후 떠서 먹는다.

362. 생굴은 레몬즙 또는 식초를 뿌려 먹으면 맛이 더욱 산뜻하다.

363. 생굴 껍데기에 남아있는 즙은 그대로 입에 대고 마시면 된다.

364. 식당에서 생굴을 주문하면 6개 또는 12개가 1인분이다.

365. 미국에서 진한 수프(Soup)를 포타주, 맑은 스프를 콘소메라 한다.

366. 수프용 스푼은 펜을 잡듯이 잡는다.

367. 수프를 먹을 때는 자기 앞쪽에서 바깥쪽으로 하여 떠먹는 미국식과 반대로 바깥쪽에서 앞쪽으로 먹는 유럽식이 있다.

368. 수프를 먹을 때는 스푼에서 국물이 떨어지더라도 접시중앙에 떨어지도록 접시 가장자리에서 벗어나지 않는 곳에 멈추도록 한다.

369. 뜨거운 수프인 경우에는 스푼으로 조금 맛을 본 후 너무 뜨거우면 스푼으로 저어서 식힌 다음 먹도록 한다.

370. 수프를 뜨겁다고 입으로 불어가며 먹는 것은 좋지 않다.

371. 수프를 먹을 때는 소리를 내면서 먹어서는 안 된다.

372. 한번 스푼으로 뜬 수프는 한번에 먹어야 하며 조금씩 나눠 마시지 않도록 한다.

373. 손잡이가 없는 수프 컵의 경우는 손으로 들고 마셔도 된다.

374. 양쪽에 손잡이가 달려 있는 경우는 양손으로 잡아 입으로 마시듯 먹는다.

375. 수프 컵 속에 스푼을 넣은 채 마시거나 컵을 든 상태에서 스푼으로 떠먹는 것은 매너가 아니다.

376. 빵은 수프를 먹고 나서 먹기 시작한다.

377. 빵은 디저트를 들기 전에 끝내는 것이다.

388. 빵은 요리의 맛이 남아 있는 혀를 깨끗이 하여 미각에 신선미를 주기 위한 것이다.

389. 빵 접시는 왼쪽에 놓는다.

390. 점심과 저녁식탁 에는 빵에 버터만 제공된다.

391. 오른쪽에서 있는 빵 접시를 사용하거나 빵 접시를 중앙에 옮겨 놓고 먹지 않도록 한다.

392. 빵은 나이프로 자르지 않는다.

393. 빵은 자신의 손으로 가져와 먹는다.

394. 빵은 여성에게 먼저 건네는 것이 매너이다.

395. 빵은 나이프나 포크를 이용해 먹지 않는다.

396. 빵은 적당량을 손으로 떼어 먹는다.

397. 빵은 빵 접시 위에서 손으로 잘라 부스러기가 테이블 위에 떨어지지 않도록 한다.

398. 토스트의 경우 나이프를 이용해 자른다.

399. 토스트, 크르아상, 브리오슈 등은 조식용 빵이므로 만찬회장에서 요구하는 것은 실례이다.

400. 버터는 1인용 또는 2인용으로 제공될 때가 있는데 2인용의 경우 나이프로 빵 접시에 한 조각 옮긴 다음 사용한다.

401. 유럽인들은 "와인 없는 식탁은 태양 없는 세상과 같다'고 표현을 잘한다.

402. 와인이 처음 문헌에 등장한 것은 B.C1700년경의 바빌로니아 함무라비법전에서이다.(술버릇이 나쁜 자에게는 와인을 판매하지 못한다.)

403. 와인은 제법에 의해 분류하거나 색깔에 의해 분류한다.

404. 제법에 의한 분류도 비발포성 와인으로 보통 식탁에 올라가는 와인을 테이블 와인이라고 한다.

405. 발효성 와인으로 1차 발효 후 2차 발효된 탄산가스를 함유시킨 것을 보통 샴페인이라고 한다.

406. 샴페인은 프랑스 북부의 상파누 지방에서 생산되는 스파클링 와인에 붙여진 이름이다.

407. 와인을 제조하는 과정에 알코올 도수가 높은 지방의 브랜디 혹은 독특한 향신료, 약초 등을 첨가해 만든 것은 주정강화 와인이다.(이탈리아 마르살라, 포르투칼 - 마테이라)

408. 색깔에 의한 와인의 분류로 백색, 적색, 핑크색, 옐로우 와인 등이 있다.

409. 와인은 단맛 정도에 따라 드라이와 스위트로 구분된다.

410. 와인은 숙성기간에 따라 young wine 과 old wine으로 구분된다.

411. 와인 선택의 4가지 포인트는 산지, 수확연도, 브랜드명, 요리와의 조화이다.

412. 적색 버건디 와인은 암호색으로 남성적이다.

413. 적색 보르도 와인은 여성적이다.

414. 부르고뉴 와인은 프랑스 동부의 론강 상류 유역과 센강 지류 유
   역에서 생산되는 와인이다.

415. 스위스의 와인은 대부분 백색와인이다.

416. 독일 와인에는 라인와인과 모젤와인이 있다.

417. 와인은 요리와의 조화를 고려하여 선택돼야 한다.

418. 전채에는 식욕을 촉진시켜주는 드라이한 백포도주나 세리가 좋
   다.

419. 닭 요리 등에는 백색 와인이 좋다.

420. 맛이 진한 육류 요리에는 적색 와인이 좋다.

421. 소고기, 돼지고기 등 가축류에는 부드러운 보르도가 좋다.

422. 사슴, 멧돼지, 산양, 꿩 등 야생동물이나 조류에는 맛이 가한 버
   건디가 좋다.

423. 와인이 두 종류 이상의 경우 맛이 담백한 라이트 (light)한 와인
   부터 시작 맛이 강한 헤비(Heavy)한 와인 순서로 마신다.

424. 같은 상품의 와인인 경우 연대가 빠른 것(young wine)에서부
   터 오래된 것(old wine)순서로 마신다.

425. 드라이 와인에서 스위트 와인으로 화이트 와인에서 레드 와인으
   로 차가운 와인에서 차갑지 않은 와인 순서로 마신다.

426. 일반적으로 이탈리아 요리에는 이탈리아 와인을 스위스 요리에
   는 스위스 와인을 마시는 것이 잘 어울린다.

427. 와인은 해당 요리와 함께 시작해 그 요리와 함께 끝낸다.

428. 와인은 디저트가 나오기 전까지 마신다.

429. 와인은 앙금이 일어나지 않게 따른다.

430. 와인을 테이블 위에 놓을 때 와인 받침대에 상표가 위로 오게
　　　하여 눕혀 놓는다.

431. 와인을 마실 때 온도는 적색 포도주의 경우 17℃~20℃에 마신
　　　다.

432. 백색 포도주의 경우 10℃~12℃ 정도로 차게 해서 마시는 것이
　　　상식이다.

433. 와인은 종류에 따라 사용하는 글라스가 다르다.

434. 와인에 대한 시음은 남성(Host)이 한다.

435. 와인은 호스트가 글라스에 와인을 $\frac{1}{4}$ 정도 따른 후 시음해 보고
　　　O.K를 주면 웨이터가 손님께 서브한다.

436. 와인의 서브는 와인 전문가인 소물리에(Sommelier)가 한다.

437. 와인의 시음(Wine tasting)은 시각(Sight), 후각(Smell), 미
　　　각(Taste)의 세 감각기관을 동원한다.

438. 백색 와인은 초록빛이거나 담황색이어야 한다.

439. 적색 와인은 처음에는 자줏빛이었다가 숙성이 진행되면 루비나
　　　석류빛을 띤다.

440. 숙성이 짧은 와인일수록 색깔이 선명하고 오래된 와인일수록 색
　　　깔이 진하다.

441. 와인은 침전물이 없어야 한다.

442. 와인의 향기는 질을 나타낸다.

443. 부패된 와인은 코르크마개가 썩는 냄새나 식초냄새가 난다.

444. 와인은 단맛, 쓴맛, 신맛, 떫은맛 등 4가지 맛이 균형과 조화를
     이루어야 맛이 있다.

445. 주인이 여성일 경우 동석한 남성에게 시음을 부탁한다.

446. 시음이 끝난 후 와인 서브 순서는 최초 상석의 여성에게 한 후
     다음은 시계바늘이 도는 방향으로 여성에게만 한다.

447. 여성들에게 서브가 끝난 후 남성 중 상석의 손님부터 같은 순서
     로 남성에게 따라준다.

448. 와인은 공기와 결합시킨 후 마신다.

449. 적색와인은 산소와 결합되면 더 활력이 생긴다.

450. 적색와인은 마시기 30분 혹은 1시간 전에 마개를 빼두면 맛이
     더욱 좋아지는데 이것을 전문용어로 Breathing이라고 한다.

451. 와인을 마시기 전에 반드시 냅킨으로 입을 닦는다.

452. 와인을 마실 때 여성의 경우 입술의 루즈가 잔에 묻지 않도록
     주의한다.

453. 만약 여성 입술의 루즈가 와인글라스에 묻으면 엄지손가락으로
     즉시 닦으면서 마신다.

454. 와인글라스에 지저분한 것이 묻지 않도록 하기 위해 음식물을
     입에 넣은 채 와인을 마시지 말아야 한다.

455. 와인을 요리와 함께 마시면서 입에서 섞이게 되면 오인 특유의
     섬세한 풍미가 없어져 버린다.

456. 요리와 와인의 궁합이란 혀에서 코로 빠져나오는 향과 풍미에서
     느끼는 맛의 조화를 의미한다.

457. 맥주는 기본적으로 정식 만찬석상에서는 마시지 않는 것이 예의
　　　이다.

458. 맥주는 목마를 때 마시는 물과 같은 것이다.

459. 맥주는 식전주보다 식사 중에 조금씩 물 대신 마시는 것이 이상
　　　적이다.

460. 맥주의 생명은 거품에 있으므로 거품이 2~3cm되게 따르는 것
　　　이 이상적이다.

461. 맥주를 마실 때는 거품이 없어지기 전에 마시되 거품 속에 있는
　　　맑은 맥주를 마시고 거품은 위에 계속 남아있도록 한다.

462. 맥주는 6℃~9℃로 차가울 때 제일 맛이 좋다.

463. 와인을 따라줄 때 글라스를 들어올리거나 기울이지 않는다.

464. 웨이터나 호스트가 따라주는 음료나 주류를 사양할 때는 따르려
　　　할 때 글라스 가장자리에 가볍게 손을 얹어 그만 되었다는 표시
　　　를 하면 된다.

465. 테이블 매너에서 글라스를 엎어놓는 것은 금기시 되어 있다.

466. 건배용 샴페인은 마시지 않더라도 조금만 따라놓도록 한다.

467. 와인을 주문할 때에는 빈티지차트(Vintage Chart)를 참고한
　　　다.

468. 빈티지차트는 주로 프랑스와인을 수확 연도별로 산지별로 등급
　　　을 표시해 놓은 표를 말한다.

469. 와인의 등급은 오래된 연도순에 따르는 것이 아니라 수확한 해
　　　의 날씨 즉 일조량, 일사량, 강우량, 온도, 습도, 바람 등이 따

라 결정된다.

470. 포도는 나무에 꽃이 피고 나서 포도가 익을 때까지 100일간의 날씨가 가장 중요하다.

471. 생선을 먹을 때 간혹 가시를 모르고 먹은 경우 왼손으로 입을 가린 후 포크 또는 오른손으로 살짝 빼내어 접시가장자리이 올려놓는다.

472. 생선 뫼니에르에 놓여있는 레몬은 나이프로 눌러 즙을 낸다.

473. 즙을 짠 레몬은 접시 한쪽에 놓는다.

474. 생선 프라이나 석쇠구이 등의 요리에도 레몬이 곁들여지는데 이때는 레몬을 오른손의 엄지, 중지, 집게손가락을 이용, 즙을 내어 생선 위에 뿌린다.

475. 생선 요리는 살이 무르기 때문에 포크만으로 먹어도 된다.

476. 그라탕 요리는 접시가 뜨거우므로 손으로 접시를 잡는 일을 삼간다.

477. 생선 그라탕은 대개 포크를 먹는다.

478. 새우는 껍질을 떼어내고 나서 먹는다.

479. 남 프랑스의 명물 요리인 부이야베스는 포크, 나이프, 스푼을 사용해 먹는다.

480. 소스가 나올 때까지 요리에 손을 대지 않는다.

481. 묽은 소스는 요리에 직접 뿌리고 진한 소스는 접시 한쪽에 덜어 놓아 조금씩 찍어 먹도록 한다.

482. 스테이크의 으뜸은 안심 스테이크 중 최고급의 스테이크 앞쪽

넓은 부분의 안심을 이용해 만든 샤토브리앙이다.

483. 스테이크 참 맛은 육즙에 있다.

484. 스테이크를 주문할 때 Rare는 약간 구운 것으로 표면만 구워 중간은 붉은 생고기 그대로이다.

485. 스테이크의 중심부가 핑크인 부분과 붉은 부분이 섞여 있는 상태로 Rare보다 좀더 구운 것을 Medium rare라고 한다.

486. 스테이크의 중심부가 모두 핑크빛을 띠는 정도로 중간 정도 구운 것을 Medium이라고 한다.

487. 스테이크의 표면이 완전히 구워지고 중심부도 충분히 구워져 갈색 띤 상태로 완전히 구운 것을 Well done이라고 한다.

488. 스테이크는 적게 구울수록 육즙이 많아 고기의 참 맛을 즐길 수 있다.

489. 고기는 반드시 종(縱)으로 자른다.

490. 고기를 먹을 때는 오른손에 나이프, 왼손에 포크를 쥐도록 하며 고기의 왼쪽을 포크로 고정시켜 나이프로 먹기 좋을 만큼씩 잘라가며 먹는다.

491. 고기가 손님에게 제공될 때는 고기의 결이 위에서 아래를 향하도록 담게 되기 때문에 스테이크를 자를 때는 종(縱)으로 잘라 먹는다.

492. 미트 파이의 껍질은 포크로 자르지 않는다.

493. 미트파이는 푹 삶아 맛을 낸 고기를 파이 껍질로 싸서 오븐에 구운 것이다.

494. 파이의 껍질은 나이프와 포크로 떼내어 내용물인 고기와 함께 잘라먹는 것이 좋다.

495. 옥수수는 손으로 먹어도 된다.

496. 식기를 사용하지 않고 손으로 먹어도 되는 요리를 핑거푸드 (Finger food)라고 한다.

497. 샐러드로 나오는 아티코크도 손으로 먹는다.

498. 나이프나 포크로 먹기 불편한 살짝 데친 새우는 손으로 먹는다.

499. 베이컨은 바삭바삭하게 튀긴 크리스피(crispy)도 손으로 먹는다.

500. 콩을 포크로 뜰 때 빵을 이용한다.

501. 구운 감자의 껍질은 먹어도 된다.

502. 소금이나 후추는 무턱대고 뿌리는 것이 아니며 한두 번 먹어본 다음 취향에 맞게 뿌리도록 한다.

503. 프랑스의 일류 레스토랑에서는 요리의 맛이 제일 좋을 때 음식을 내는 전통이 있어 함부로 조미료를 뿌리는 사람은 매너 없는 사람으로 여겨질 수 있다.

504. 샐러드와 고기요리는 번갈아 가며 먹는다.

505. 일품요리를 주문할 때는 샐러드도 함께 주문하도록 한다.

506. 고기는 산성이 강한 식품이고 야채는 알카리성이 강한 식품이므로 중화시킬 수 있는 영양적 의미가 중요하다.

507. 샐러드에 사용되는 소스를 드레싱(Dressing)이라고 한다.

508. 드레싱 유래는 소스로 뿌려진 모습이 여성의 드레스 입은 모습

과 같다고 해서 생겨난 말로 전해진다.

509. 드레싱은 프렌치 드레싱류와 마요네즈 소스류로 구분된다.

510. 프렌치 드레싱은 초를 이용해 만든 소스로 생야채, 생선, 과일,
　　　치즈 등 산뜻한 샐러드에 어울린다.

511. 마요네즈 소스는 진한 맛을 낼 때 사용되는데 샐러드를 양이 많
　　　은 일품요리로 먹을 때 사용된다.

512. 영미인들은 샐러드를 고기 요리와 같이 먹거나 그전에 먹는 반
　　　면 프랑스 사람들은 고기요리가 끝난 다음에 먹는 습관이 있다.

513. 샐러드는 포크만으로 먹어도 된다.

514. 프렌치 드레싱의 경우는 샐러드 위에 직접 뿌리지만 마요네즈
　　　소스는 접시 한쪽에 놓아 조금씩 찍어가며 먹도록 한다.

515. 프랑스에서는 디저트 전에 치즈를 먹는다.

516. 치즈는 나이프와 포크가 따라 나오지만 포크로만 먹어도 무방하
　　　다.

517. 치즈에는 적포도주와 같이 딱딱한 프렌치 빵이 잘 어울린다.

518. 프랑스 치즈는 하드(Hard)치즈와 소프트(Soft)치즈로 구분된
　　　다.

519. 디저트로는 과자나 케이크, 과일 등이 나온다.

520. 디저트(Dessert)란 불란서어의 데세르비르(Desservir) 유래
　　　된 용어로 "치우다, 정리하다."라는 의미이다.

521. 디저트용 과자는 프랑스어로 "앙트르메(Entremets)라고 한
　　　다.

522. 단어의 합성어로 원래 고기 요리와 찜 구이 요리 사이에 나오는 빙과류를 일컫는 말이 있다고 한다.

523. 오늘날 앙트르메는 빙과류를 포함한 달콤한 과자 전부를 가리키는 의미로 사용되며 영어로는 스위트(Sweet)라고 한다.

524. 서양요리에서 디저트용 과자는 달콤한 것으로 부드러워야 한다.

525. 쿠키 등 마른 과자는 조식의 빵 대신 혹은 오후에 차를 마실 때 먹도록 한다.(쿠키 : 단맛이 나는 웨딩 케이크)

526. 디너의 따뜻한 디저트로는 푸딩이 있다.

527. 차가운 디저트로는 아이스크림과 셔벗이 있다. (셔벗=과일즙+꿀)

528. 디저트로 수분이 많은 과일은 스푼으로 먹는다.

529. 디저트로 사과나 감 등 수분이 적은 것은 나이프나 포크를 사용한다.

530. 디저트로 포도 등 작은 것은 손으로 먹는다.

531. 디저트로 멜론이 반달형으로 잘라 제공된 경우 왼손으로 껍질 부분을 누르고 오른손의 스푼으로 오른쪽부터 떠서 먹는다.

532. 디저트로 먹기 좋게 칼로 잘라 껍질 위에 알맹이를 올려놓아 나온 것은 포크를 하나씩 먹는다.

533. 씨는 미리 스푼 등으로 발라내지 않고 입 속에서 발라내어 스푼에 뱉어 접시 위에 놓는다.

534. 그레이프 푸르트는 스푼으로 먹는다.

535. 딸기는 하나씩 스푼으로 먹는다.

536. 포도씨와 껍질은 손바닥 안에 뱉어 살짝 접시 위에 놓는다.

537. 포도는 왼손으로 송이를 잡고 오른손으로 한 알씩 따서 먹는다.

538. 포도를 먹을 때 한번에 몇 알씩 먹는 것은 보기에 좋지 않다.

539. 포도는 알맹이를 손바닥 위에 놓고 주먹 쥐듯 하여 포도가 입으로 들어가는 것이 보이지 않도록 한다.

540. 밀감은 꼭지가 없는 쪽부터 껍질을 까서 한 알씩 떼어먹는다.

541. 핑거볼은 손가락 끝만 닦는 것이므로 손을 푹 담그는 것을 삼간다.

542. 핑거볼에서는 한 손씩 교대로 손을 씻는다.

543. 포도나 살구 등을 먹고 즙이 손에 묻은 경우 냅킨으로 닦지 말고 핑거볼에 손을 씻도록 한다.

544. 아이리쉬 커피는 식후주의 대용으로도 좋다.

545. 아이리쉬 커피란 이일리쉬 위스키를 넣은 후 생크림을 얹어 마시는 것으로 식후주와 커피를 동시에 즐기는 커피이다.

546. 커피 잔의 손잡이는 엄지와 인지로 가볍게 쥐는데 손가락을 방아쇠를 당기는 것처럼 손잡이에 끼워서는 안 된다.

547. 커피는 70℃ 정도의 온도일 때 가장 맛이 있다.

548. 커피가 뜨겁다고 입으로 불어가며 마시지 말고 시간을 두고 약간 식어지면 마신다.

549. 커피 잔에 설탕이나 프림을 넣고 너무 오래 젓지 않는다.

550. 커피를 마실 때 소리가 나지 않도록 한다.

551. 홍차나 녹차의 티백(Tea Bag)은 컵의 뒤쪽에 가로로 놓는다.

552. 양식에서 식후주는 크게 브랜디(Brandy)류와 리큐어

(Liqueur)로 나뉘어진다.

553. 브랜디는 남성이, 리큐어는 여성들이 즐겨 마신다.

554. 리큐어는 당도가 있고 아름다운 술로 식후에 여성들이 주로 마시는 매혹적인 양주이다.

555. 코냑을 마실 때는 잔을 흔들어 코냑이 안에서 파도치게 한 후 둘째와 셋째 손가락으로 잔을 잡고 손바닥의 온기로 코냑을 데우면서 아주 조금씩 색과 향, 맛을 눈과 코와 혀로 음미하견서 마신다

556. 공식만찬에서의 건배는 보통 디저트 후 인사를 하기 전에 한다.

557. 건배시는 주로 샴페인을 많이 사용하는데 술을 못 하는 여성이라도 잔에 소량이라도 부어 함께 건배에 응한다.

558. 건배는 Toast Master가 하게 되는데 모임의 성격에 따라 연회의 주최자, 사회자, 주빈 중에서 한 명을 선정하여 실시한다.

559. Toast Master의 지위가 높은 경우에는 참석자 모두 일어나 건배를 해야 한다.

560. Toast Master의 지위가 낮거나 친분 있는 사람의 도임인 경우에는 그대로 앉아 해도 무방하다.

561. Toast Master 가 건배를 제의하면 손님들은 자리에서 일어나 잔을 얼굴 높이까지 치켜들고 "To…(~를 위하여)"라고 하면서 샴페인을 마신다.

562. 식사 중에 실수를 범했을 경우 직접처리 하지 않고 웨이터나 지배인을 불러 도움을 청한다.

563. 웨이터를 부를 때는 큰소리로 부르거나 손바닥을 치는 행위를 삼가고 조용히 오른손을 들어주는 것으로 신호를 보낸다.

564. 손님의 실수를 보았더라도 모르는 척하는 것이 예의이다.

565. 실수로 변상이 필요한 경우에는 당연히 변상을 해야 하며 다음 날 꽃 등을 가지고 직접 호스테스를 방문해 사과하도록 한다.

566. 요리가 나오면 맛도 보지 않고 소금과 후추를 뿌리는 일을 삼간다.

567. 조미료가 멀리 놓여 있을 경우 손을 뻗어 직접 가져오지 말고 옆 사람에게 부탁해 건네 받도록 한다.

568. 술이나 음료 등을 거절할 때는 'No thanks'라고 말하는 것이 좋다.

569. 음식이나 음료를 남기는 것은 주최자에 대한 커다란 실례이다.

570. 식사는 다른 사람과 보조를 맞추어 먹어야 한다.

571. 호스트나 호스테스는 상석의 손님과 보조를 맞추어 손님들보다 빨리 먹어서는 안 된다.

572. 베이컨은 아침 식사시 먹는 말랑말랑한 것은 포크로 먹지만 물기가 전혀 없는 것은 손으로 먹는다.

573. 버터를 바를 때는 버터나이프를 이용한다.

574. 치즈는 나이프나 포크 중 어느 것으로라도 바를 수 있다.

575. 체리 토마토가 생채요리나 다른 요리에 섞여 나올 때를 제외하고는 손으로 먹는다.

576. 삶은 자두나 버찌 등을 먹을 때는 스푼으로 먹는다.

577. 씨는 입 속에서 살을 발라먹은 후 스푼에 뱉어 접시 한쪽에 놓는
     다.

578. 피자는 나이프를 이용해 삼각형으로 자른 후 집어먹는다.

579. 스파게티는 왼손의 스푼에 오른손의 포크를 대고 스파게티를 감
     아서 먹는다.

580. 차가운 샌드위치는 손으로 집어서 먹고 뜨거운 것은 포크 나이
     프를 사용한다.

581. 에그 스탠드에 올려진 삶은 계란은 위 부분을 벗겨낸 다음 티스
     푼으로 조금씩 떠서 먹는다.

582. 무심코 먹은 음식이 너무 뜨거울 때는 물을 마신다.

583. 부득이한 사정으로 음식을 뱉을 경우에는 종이 냅킨에 싸서 그
     릇의 한쪽에 놓는다.

584. 생선가시가 잘못하여 목에 걸렸을 때는 실례하겠다고 말하고 식
     탁에서 물러 나와 처리한다.

585. 재채기, 기침이 갑자기 나왔을 때는 손수건으로 입과 코를 가리
     도록 한다.

586. 기침이 계속 나올 경우 실례한다는 말로 양해를 구하고 식탁에
     서 나오도록 한다.

587. 땀이 날 경우 냅킨으로 닦지 않는다.

588. 냅킨으로는 절대 코를 풀지 않는다.

589. 서양에서 식사시 절대로 트림을 해서는 안 된다.

590. 식사 중에는 이쑤시개를 사용해서는 안 된다.

591. 식탁에서는 머리를 긁지 않는다.

592. 식탁에서 팔꿈치를 괸다거나 다리를 꼬지 않는다.

593. 식탁에서 떨어진 포크나 나이프는 직접 줍지 않는다.

594. 식탁에서 손에 든 나이프나 포크는 세워 잡지 않는다.

595. 식탁에서 나이프를 입에 대지 않는다.

596. 식탁에서 식기를 움직이지 않는다.

597. 식탁에서 식사가 끝났다고 식기를 포개 놓는다거나 한쪽으로 치
  워놓지 않는다.

598. 식탁에서 음식을 먹을 때는 입을 다물어 소리가 나지 않도록 한
  다.

599. 식탁에서 음식물을 넣은 채 말하지 않는다.

600. 식탁에서 입안에 음식물을 넣었을 때 옆에서 말을 걸어오면 음
  식을 삼킨 후 양해를 구하고 대답한다.

601. 식탁에서 입 속에 음식물이 있을 때 음료를 마시거나 다른 음식
  물을 먹지 않는다.

602. 식탁에서 식기가 더럽다고 냅킨으로 닦지 말고 웨이터를 불러
  새로운 것으로 바꿔 달라고 한다.

603. 식탁에서 잔이나 컵에 스푼을 꽂아 두지 않는다.

604. 식탁에서 메인코스가 끝날 때까지는 담배를 삼간다.

605. 식탁에서 재떨이가 놓여 있는 것은 식사 중에 언제라도 담배를
  피워도 무방하다는 것은 무언의 허가이다.

606. 식탁에서 식사 중 담배를 피우고 싶을 때는 옆의 여성에게 양해

를 구하기보다는 그 여성에게 담배를 권해 본다. 여성이 담배를
피우겠다고 할 경우에는 반드시 담뱃불을 붙여주는 것이 예의
이다.

607. 시가나 파이프 담배의 경우 만찬석에서는 결코 부인 앞에서 피
우지 않는다.

608. 호스테스는 손님들의 동정을 살펴 담배를 권할 시기를 놓치지
않도록 주의를 기울인다.

609. 여성과 서서 이야기를 주고받을 때는 담배를 피우지 말아야 한
다.

610. 기차, 자동차 안에서의 흡연은 동승한 여성의 양해를 구해야 한
다.

611. 엘리베이터 안에서는 담배를 피우지 않는다.

612. 초대장에 사용되는 R.S.V.P(Repondez s'il vous plait)는 「
회답을 바랍니다」의 뜻이다.

613. 초대장에 Regrets only는 참석치 못할 경우에만 회신을 달라는
의미이다.

614. 초대장에 Black Tie는 턱시도 차림을 의미한다.

615. 초대장에 White Tie라고 씌어 있는 것은 연미복 차림을 의미한
다.

616. 초대장을 받았을 때 미국에서는 24시간 이내에 하는 것이 에티
켓이다.

617. 초대장에 R.S.V.P라는 표기가 없어도 회신을 보내는 것이 에티

켓이다.

618. 영국의 경우 공식연회의 초대장 발송시기는 연회의 규모에 따라
　　　다르다.
　　　　① 8~10인 규모는 10~18일전
　　　　② 12~18인 규모는 2주~3주전
　　　　③ 20~30인 규모는 3주전

619. 초대장의 발송을 특별한 사정이 없는 한 10일 전후가 일반적이
　　　며 늦어도 1주일 전까지 발송해야 한다.

620. 전화로 초청시 에티켓으로 사교상의 경의 'Thank you'로 끝낸
　　　다.

621. 상급자나 여성에게 전화를 할 때는 상대방이 나오기 전에 반드
　　　시 수화기를 들고 있어야 한다. 이야기가 끝난 때에도 상대방이
　　　전화를 끊은 것을 확인하고 나중에 수화기를 놓는다.

623. 초대장에 대해서는 가능한 한 빨리 회답하는 것이 에티켓이다.

624. 부부가 초대받아 그중 한 명에게 문제가 있을 경우 모두 불참하
　　　는 것이 에티켓이다.

625. 초대를 승낙한 다음에는 번복하지 않는 것이 에티켓이다. (단, 본
　　　인의 전염병, 출장 등 공적행사, 가정내의 불상사 발생시는 번복의 이유가 된
　　　다.)

626. 정식 연회에서는 어느 나라에서건 프랑스요리를 내는 것이 관습
　　　으로 되어 있다.

627. 정식만찬회에서는 식당으로 들어갈 때 남성이 여성의 오른손을

끼고 좌석까지 안내해 주는 것이 에티켓이다.

628. 남녀 파트너로 호스트는 주빈의 부인과 짝을 이루며 호스테스는 주빈과 짝을 이루게 된다.

629. 연회석에 벽난로가 있는 경우 그쪽이 상석이며 입구부분이 말석 이다.

630. 연회석에 벽난로가 없는 경우 입구 쪽이 말석이며 그 반대쪽이 상석이다.

631. 연회석에서 입구 반대쪽에 상석으로 적합지 않은 방에서는 정원 을 바라보는 쪽이 상석이며 등진 쪽이 말석이다.

632. 부부동반 연회인 경우에는 식탁의 중심부에 벽난로를 뒤로하여 호스테스가 앉고 그 앞에 호스트가 앉는 것이 원칙이다.

633. 남자들만의 연회인 경우에는 호스테스의 자리가 주빈의 자리가 된다.

634. 호스테스의 좌석이 결정되면 손님의 좌석을 서열에 따라 배치하 는데 영미식과 유럽식이 있다.

635. 유럽식 좌석배치 서열은 호스테스의 오른쪽을 제1서열의 남성 손님의 좌석으로 왼쪽을 제2서열의 남성손님의 좌석으로 한다.

636. 유럽식 좌석배치 서열에서 호스트의 오른쪽을 제1서열의 여성 손님의 좌석으로, 왼쪽은 제2서열의 여성손님의 좌석으로 한 다.

637. 유럽식에서 제1서열의 남성손님의 오른쪽을 제3서열의 여성손 님의 좌석으로, 제2서열의 남성손님 왼쪽을 제4서열의 여성손

님 좌석으로 한다.

638. 유럽식에서 제1서열의 여성손님의 오른쪽을 제3서열의 남성손
　　　님 좌석으로 제2서열의 여성손님의 왼쪽을 제4서열의 남성손
　　　님의 좌석으로 한다.

639. 영미식 좌석배치 서열은 호스테스, 호스트의 좌석을 식탁의 양
　　　쪽 끝으로 한다.

640. 영미식에서 상석에는 주로 호스테스가 앉는다.

641. 영미식에서 호스테스의 오른쪽에 제1서열의 남성손님이, 왼쪽
　　　에 제2서열의 남성손님이 앉는다.

642. 영미식에서 호스트의 오른쪽에 제1서열의 여성손님, 왼쪽에 제
　　　2서열의 여성손님이 앉는다.

643. 테이블에서 부부가 나란히 앉는 것은 반드시 피한다.

644. 테이블에서 부부가 정면으로 바라보고 앉는 것은 되도록 피한
　　　다.

645. 테이블의 양끝에는 가능한 한 기혼여성은 피하고 남성이 앉도록
　　　한다.

646. 테이블에서 기혼자가 미혼자보다 우선하는 것이 원칙이므로 미
　　　혼여성은 기혼여성보다 말석에 앉는다.

647. 리셉션홀은 고객을 제일 먼저 맞이하는 장소이므로 모든 준비에
　　　만전을 기해야 한다.

648. 테이블에서 냅킨은 식탁보와 같은 재질의 것을 사용한다. (크기는
　　　사방 50㎝ 정도가 표준)

649. 테이블장식을 할 때 주의사항으로 마주한 사람의 얼굴이 가리지 않도록 한다.

650. 테이블 장식을 할 때 대화에 방해가 되지 않도록 한다.

651. 테이블 장식을 할 때 서비스에 장애가 되지 않도록 한다.

652. 테이블 장식을 할 때 향기가 짙은 꽃은 장식하지 않는다.

653. 테이블에서 아무리 코스가 많아도 나이프와 포크는 한 번에 3개 이상 세팅하지 않는다.

654. 테이블에서 나이프와 포크는 바깥쪽의 것부터 안쪽으로 차례대로 사용한다.

655. 테이블에서 디저트용 스푼과 포크, 과일용 나이프와 포크는 일단 테이블을 정리한 후 새롭게 배열하게 되어 있는데 중앙에서 가까운 쪽이 디저트용, 먼 쪽이 과일용이다.

656. 테이블에서 빵 접시는 왼쪽에 놓는다.

657. 손님의 외투나 소지품 등을 맡아두는 곳을 클로크룸(Cloak Room)이라 한다.

658. 리셉션홀로 들어갈 때는 함께 온 부인과 동시에 들어간다.

659. 초대받은 손님의 도착 시간은 5~7분전이 이상적이다.

660. 손님으로서 거실로 들어갈 때는 반드시 부인을 앞세우고 들어간다.

661. 손님을 맞이할 때 거실 입구에서는 호스테스가 입구 가까운 쪽에 서서 제일 먼저 고객을 맞이하고 호스트는 조금 떨어진 곳에서 손님의 인사를 받는다.

662. 손님으로서 거실로 들어오면 먼저 들어온 손님과 인사를 나누고
     여성은 거실에 앉아도 되지만 남성은 호스테스가 서 있는 동안
     에는 서 있는 것이 에티켓이다.
663. 거실에서 여자손님은 가까운데 있는 사람과는 악수를 하지만 먼
     데 있는 사람과는 목례만 하고 인사하기 위해 움직일 필요는 없
     다.
664. 거실에서 남성의 경우는 돌아다니며 인사를 해야 한다.
665. 인사를 나눌 때 동성끼리는 악수를 하지만 남녀간에는 여성이
     먼저 악수를 청하지 않는 한 가벼운 목례 정도로 인사한다.
666. 대규모의 정식만찬회에서는 주최측이 손님을 맞이하기 위해 문
     입구의 오른쪽(문 밖에서 보아 왼쪽)에 호스트, 주빈, 호스테스, 주
     빈부인 순으로 서 있게 되는데 이를 리시빙라인(Receiving
     Line)이라고 한다.
667. 주인은 손님과 악수하면서 간단한 인사를 나눈 후 주빈에게 손
     님을 소개한다.
668. 리시빙라인에서는 아무리 가까운 사이라 해도 간단한 인사만 나
     누고 긴 대화는 피한다.
669. 리시빙라인은 보통 15~30간 정도만 유지한다.
670. 거실에서 손님을 소개할 때는 식사 전에 모든 손님을 소개하는
     것이 에티켓이다.
671. 식사 파트너가 된 남녀에 대해서는 식사 전에 반드시 소개해 놓
     도록 한다.

672. 손님들이 다 오기를 기다리면서 약15~20분 정도 식욕을 돋우기 위해 식전주를 칵테일이나 세리주를 마신다.

673. 거실에서 식당으로 자리를 옮길 때 여자 손님들이 먼저 움직이기 시작해 호스테스까지 들어가면 뒤따라 남성들이 들어가는 것이 에티켓이다.

674. 안내의 에티켓에 따라 입장하는 경우 호스트가 제1서열의 여성의 오른팔을 끼고 선두에서 입장하고 맨 마지막으로 호스테스가 제1서열의 남성과 함께 들어간다.

675. 식당의 의자에 앉거나 일어나 나올 때는 반드시 왼쪽으로 돌아나오게 되어 있으며 여성이 앉고 난 후 남성이 앉는 것이 에티켓이다.

676. 식당에서 물러날 때는 호스테스가 주빈부인의 동정을 살핀 후 그만 일어나자는 신호를 한다.(호스트가 먼저 신호하는 것은 매너에 어긋난다.)

677. 식당에서 물러날 때 순서는 제1서열의 여성이 선두에 서서 나가며 마지막으로 호스테스에 이어 남성이 따라나간다.

678. 작별인사를 할 때는 주빈이 제일 먼저 한다.

679. 작별인사를 할 때 주빈이 없을 경우에는 호스트가 호스테스의 오른쪽에 앉았던 손님이 먼저 작별인사를 한다.

680. 만찬은 대개 3시간~3시간 반 정도 지속되는 것이 보통이다.

681. 부부의 경우 작별에 대한 신호는 부인이 하는 것이 원칙이며 남성이 먼저 하는 것은 매너가 아니다.

682. 작별인사는 호스트와 호스테스, 그리고 가까이에 있는 지인에게
　　　만 악수하고 멀리 떨어져 있는 사람에겐 가벼운 목례로 한다.

683. 작별인사를 할 때 호스테스는 선 자리에서 그대로 받지만 호스
　　　트는 입구까지 손님을 전송하는 것이 예의이다.

684. 만찬에 참석했을 경우에는 행사 후 1주일 내에 주최자 부부에게
　　　감사의 표시를 한다.(명함 또는 편지)

685. 오찬은 대개 1시간~2시간 정도이다.

686. 조찬은 영국에서는 8시경부터, 미국에서는 7시 30분 프랑스에
　　　서는 8시 전후에 조찬을 갖는다.

687. 토스트는 살짝 구울 경우 라이트(Light), 많이 구울 경우 브라
　　　운(Brown)이라고 한다.

688. 뷔페(Buffet)는 그 형식에 따라 Sitting Buffet(테이블에 앉아서
　　　식사) Standing Buffet(선 채로 식사), 칵테일 뷔페(식사보다는 음
　　　료와 안주 위주의 간단한 뷔페)로 나눈다.

689. 뷔페식당에서는 전채 수프, 생선, 육류 디저트 순으로 먹는다.

690. 뷔페식당에서 음식을 덜어올 때는 시계 도는 방향으로 나가는
　　　것이 원칙이다.

691. 뷔페식당에서 한 접시에 모든 코스의 요리를 담지 말고 코스별
　　　로 3~4회에 걸쳐 나누어 가져오도록 한다.

692. 칵테일 파티는 보통 오후 5시 이후에 개최하는 것이 보통이다.

693. 칵테일 뷔페는 일반 칵테일 파티보다 늦은 오후 6시30분~7시
　　　사이에 시작하는 것이 보통이다.

694. 리셉션이란 원래 지위가 높은 정부의 공직자나 외교곤이 공식적으로 베푸는 칵테일 파티에 한때 쓰던 용어이다.

695. 오늘날 리셉션이라고 하면 대부분 특정한 사람이나 중요한 일을 축하 또는 기념하기 위해 베푸는 공식적인 모임을 가리킨다.

696. 리셉션에서 리시빙라인(문 밖에서 보아 왼쪽) 상의 순서는 ① 호스트 ② 주빈 ③ 호스테스 ④ 주빈의 부인 순이다.

697. 리셉션에서의 복장은 주최자 혹은 주빈의 신분과 가최 목적에 맞는 복장을 착용하는 것이 에티켓이다.

698. 무도회에 참석할 때에는 반드시 예복을 입는다.

699. 무도회의 시작은 호스테스가 주빈에게 그리고 호스트가 주빈의 부인에게 춤을 신청하는 것을 계기로 이루어진다.

700. 무도회에서 남성 에티켓으로 무도장내에서 담배를 삼간다.

701. 남성은 무도장을 가로질러 다니지 않는다.

702. 남성은 호스테스와 한번은 춤을 춘다.

703. 남성은 식사가 있었을 경우에는 호스테스, 주빈의 부인, 식탁의 좌우에 앉았던 여성들과 각각 춤을 춘다.

704. 부부동반의 경우에는 아내와 제일 먼저 추는 것이 에티켓이다.

705. 남성은 소개받은 여성과도 춤을 춘다.

706. 남성은 휴식을 취하고 있는 여성에게 춤을 권하지 않는다.

707. 남성은 한 여성과 계속 춤을 추지 않는다.

708. 남성은 여성이 춤추고 있는 도중에는 신청하지 않는다.

709. 남성은 춤을 춘 후에는 반드시 "Thank you"라고 하며 인사를

한다.

710. 남성끼리의 춤은 금물이다.

711. 남성은 야식을 먹으러 갈 때는 함께 춤을 끝낸 여성을 안내한다.

712. 남성은 함께 춤을 춘 여성을 집까지 바래다주는 것이 예의이다.

713. 여성은 한 남성의 춤을 거절하고 곧바로 다른 신청을 수락하여
    춤을 추어서는 안 된다.

714. 여성은 남성의 춤 신청에 응하고, 거절하는 것은 신중하게 해야
    한다.

715. 여성은 같은 남성과 계속 춤추는 것을 삼간다.

716. 여성이 먼저 남성에게 춤을 신청하지 않는다.

717. 여성이 남성에게 야식을 먹으러 가자고 전해서는 안 된다.

718. 여성끼리 춤을 추지 않는다.

719. 여성과 함께 길을 걸을 때에는 남성이 바깥쪽(차도 쪽)에 선다.

720. 여성끼리 길을 걸을 때에는 연령 순으로 연장자가 안쪽에 선다.

721. 길을 걸으며 담배 피운다든지 껌을 씹는 등의 행위는 삼가야 한
    다.

722. 길거리에서 큰소리로 멀리 있는 차주의 이름을 부르지 않는다.

723. 여성의 경우 길거리에서 화장을 고치거나 머리 모양을 바꾸는
    행위를 삼간다.

724. 길거리에서 침을 뱉는 행위를 삼간다.

725. 길거리에서 알지 못하는 사람으로부터 질문이나 도움을 요청 받
    았을 때는 친절하게 안내해 준다.

726. 모르는 사람으로부터 호의를 받았을 경우에는 상황에 맞는 적당
     한 인사말을 해야 한다.

727. 남성과 여성이 함께 버스나 자동차에 탈 때는 여성이 먼저 탄다.

728. 자동차 내에서 좌석의 서열은 뒷자리 오른편이 제1석이다.

729. 자가운전 자가용이라면 운전석 옆자리에 최연장자가 앉는다.

730. 택시를 탔을 때 운전기사에게 지시하는 것은 여성의 역할이다.

731. 기차 내에서 휴지나 과일껍질 등을 바닥에 버린다거나 계속 먹
     고 있는 행위를 삼간다.

732. 기차의 좌석은 창가 쪽이 상석이고 통로 쪽에 말석이다.

733. 기차의 침대차에서는 아래쪽의 침대가 상석이다.

734. 유람선에서는 여행이 거의 끝나갈 때 팁을 준다.

735. 대중교통 버스나 지하철에서는 여성이 먼저 편안히 탈 수 있도
     록 도와준다.

736. 승차 후에도 여성이 먼저 앉은 후 남성이 앉는 것이 예의이다.

737. 다른 승객이 동행한 여성에게 자리를 양보했을 경우 남성이 여
     성 대신 정중히 인사를 해야 하며 여성도 다시 가벼운 목례로
     인사를 표한다.

738. 대중교통에서 내릴 때에는 남성이 먼저 내려 뒤에 내리는 여성
     을 도와주도록 한다.

739. 비행기는 상급자가 마지막으로 타고 최초로 내리는 것이 올바른
     순서이다.

740. 비행기내에서 무거운 휴대품은 좌석 아래에, 가벼운 휴대품은

선반에 넣도록 한다.

741. 비행기내에서 자리에 앉고 나면 먼저 안전벨트를 착용한다.

742. 비행기내의 화장실에서 담배 피우는 것은 법으로 금지되어 있다.

743. 비행기내에서 금연을 한다.

744. 비행기내에서 속옷만 걸치거나 양말을 벗는 행위를 삼간다.

745. 비행기내에서 신발을 벗은 상태에서 남에게 발이 보이도록 자세를 취하는 것을 삼간다.

746. 기내에서는 공간이 좁기 때문에 승객간의 예의를 시키는 것은 매우 중요하다.

747. 기내에서 식사가 제공되는 중에는 좌석 등받이를 바로 한 후 식사용 간이테이블을 이용하여 식사를 한다.

748. 기내에서 식사나 음료를 제공받았을 때는 승무원에게 "Thank you"라고 감사의 인사 표시를 하는 것이 에티켓이다.

749. 기내 화장실에서 세면대는 가능한 한 짧게 사용하고 사용 후에는 물기를 닦아 깨끗이 해주는 것이 에티켓이다.

750. 엘리베이터는 안내원이 있을 때 손윗사람 혹은 여성이 먼저 타고 먼저 내린다.

751. 엘리베이터 내에서 좋은 자리는 내부에서 오른쪽 구석이다.

752. 계단을 올라갈 때는 남성이 앞서가지만 내려갈 때는 여성이 앞서 내려가는 것이 에티켓이다.

753. 극장에서는 큰소리로 떠들거나 다른 관객에게 폐를 끼치는 행동

을 삼간다.

754. 극장에서 남녀동반의 경우 자기 좌석으로 갈 때는 여성이 앞장
서며 자리에 먼저 앉는다.

755. 극장 등에서는 외투를 클로크룸에 보관토록 한다.

756. 연극이나 연극이 완전히 끝나기 전에 외투를 입는 행위는 절대
삼간다.

757. 극장에 초대한 경우 잘 보이는 곳을 중심으로 여성은 나란히 앉
히는 것은 좋지만 부부는 나란히 앉도록 하지 않는다.

758. 극장에 초대한 경우 양끝에 여성을 앉히는 것을 삼간다.

759. 극장에서 박스석 에서는 앞줄이 여성석, 뒷줄이 남성석이다.

760. 박수는 함께 해야 할 때 함께 하되 지나치게 눈에 뜨도록 박수
치는 것은 삼간다.

761. 여성의 경우 교회에서는 모자를 쓴다.

762. 여성의 경우 만찬회에서는 모자를 벗는다.

763. 여성의 경우 오찬에서는 모자를 써도 무방하다.

764. 호스테스의 경우 오찬에서는 모자를 쓰지 않는다.

765. 남성의 경우 길거리에서 아는 사람을 만났을 때는 모자를 벗고
인사한다.

767. 남성의 경우 길거리에서 여성과 서서 이야기를 나눌 때 모자를
벗어야 한다.

768. 남성의 경우 실외에서 소개를 받았을 때 모자를 벗어야 한다.

769. 남성의 경우 작별인사를 할 때 모자를 벗어야 한다.

770. 남성의 경우 길을 가다가 아랫사람으로부터 인사를 받았을 때는 모자를 잠깐 올린다.

771. 남성의 경우 선배나 목사를 만났을 경우 모자를 벗어야 한다.

772. 여성과 동반한 친구를 만났을 때에는 남성은 모자를 가볍게 들어올려 경의를 표한다.

773. 남성의 경우 동행한 사람이 아는 여성과 인사를 할 때 모자를 벗는다.

774. 아파트나 호텔의 엘리베이터에서 여성과 동승하게 되었을 때 남성은 모자를 벗는다.

775. 손님을 안내할 때는 안내할 장소 즉 목적지에 대한 전반적인 사항을 미리 습득해둔다.

776. 손님을 안내시는 단정하고 올바른 자세로 손님이 도착할 지점에서 미리 대기해야 한다.

777. 안내할 때는 손님이 중앙에 오도록 하고 안내자는 안내 방향에 따라 좌측, 또는 우측에서 손님보다 2~3보 앞쪽에 서서 목적지 방향을 손으로 가리키며 안내한다.

778. 손님 안내시 일정한 간격으로 안내를 받고 있는지 수시 확인하고 상황에 따라 적당한 인사말을 건네는 것도 좋다.

779. 안내 장소에 도착하면 좌석 안내 등을 간략히 확인 후 호스트 혹은 미리 도착한 손님에게 소개한다.

780. 호텔을 이용시는 사전에 객실 예약을 해야 한다.

781. 호텔 예약시는 성명, 성별, 도착일시, 비행기편, 출발예정일시,

연락처, 지불 방법 등에 대해 정확히 알려준다.

782. 외국의 고급 호텔에서 예약접수시 국제적으로 통용 가능한 신용
카드의 번호를 미리 알려달라고 요구를 하기도 한다.

783. 호텔에 도착하면 프런트에 가서 등록카드(registration)를 작성한
다.

784. 호텔에서 등록카드는 가족 동반의 경우를 제외하고 한 사람씩
작성하게 되어 있다.

785. 등록 카드에는 주소를 자세히 적어 호텔 체크아웃 이후에 배달
된 서류나 우편물을 회송하는데 유용하도록 한다.

786. 호텔에 가족 동반의 경우에는 한 장에 함께 기입한다.

787. 호텔의 단골고객인 경우 익스프레스 체크인 (Express
check-in)이라고 하여 예약시 호텔측 에서 미리 등록카드를
작성해 바로 객실로 안내하는 시스템도 운영하고 있다.

788. 호텔 프런트에서 객실배정을 받으면 벨맨이 고객의 짐을 들고
객실로 안내해 준다.

789. 호텔 객실에 도착하면 객실 내에 비치되어 있는 호텔이용 안내
책자를 이용한다.

790. 호텔에서 외출시는 객실 열쇠를 프런트에 맡기도록 한다.

791. 호텔의 객실 열쇠는 기능이 다양해져 일정장소에 놓아야만 객실
의 전원이 연결되는 등 부가기능을 부여해 활용하고 있기도 한
다.

792. 호텔 객실 내에 별도 샤워실이 없는 경우 샤워커튼을 이용 욕조

안에서 샤워를 한다.

793. 호텔 욕조 안에서 샤워를 할 때는 커튼 끝이 욕조 안으로 오게
　　 한다.

794. 호텔 욕조 안에서는 찬물을 먼저 틀고 나서 더운물로 온도를 맞
　　 춘다.

795. 호텔 욕실에는 대개 3종류의 타월이 비치되어 있으므로 가장 작
　　 은 것을 이용 비누칠을 하고, 중간 것은 손과 얼굴을 닦고 가장
　　 큰 것은 몸의 물기를 닦는다.

796. 호텔객실 텔레비전에는 일반채널과 호텔자체에서 개설해 놓은
　　 채널의 두 가지가 있다.

797. 호텔객실 TV의 자체 채널 시청은 객실 내에 비치되어 있는 프로
　　 그램 안내서를 참고한다.

798. 호텔내에서 사용한 전화 요금은 자동으로 계산되어 체크아웃시
　　 지불하도록 되어 있다.

799. 호텔에서 전화를 이용한 시스템으로 아침에 깨워주는 모닝콜
　　 (Morning Call)이라는 것이 있다.

800. 호텔에서 모닝콜이란 아침 원하는 시간에 교환에게 전화를 부탁
　　 해 전화벨소리에 깰 수 있도록 하는 것을 말한다.

801. 호텔객실 내에서 식사를 하고자 할 때는 룸서비스를 이용한다.

802. 룸서비스를 받고자 할 때는 전날 밤에 행거메뉴(Hanger Menu)
　　 에 주문해 놓고 객실문 밖의 문고리에 걸어두면 지정된 시간에
　　 주문한 식사를 가져온다.

803. 호텔 객실의 행거메뉴는 룸서비스 메뉴와 함께 객실 내에 비치
되어 있다.

804. 호텔객실 냉장고 위에는 미니 바(Mimi bar)가 갖추어져 있다.

805. 호텔 객실 내 미니 바란 음료나 주류를 비롯해 안주나 가벼운
스낵 류를 객실에서 간단히 즐길 수 있도록 해놓은 것이다.

806. 호텔 객실 내 미니 바를 이용한 경우에는 비치되어 있는 계산서
(Bill)에 직접 표시해 놓는다.

807. 호텔 객실 내 미니 바에 대한 계산은 체크아웃시 하면 된다.

808. 호텔에서 객실 메이크업(Make up)이란 청소 서비스를 말한다.

809. 객실 메이크업은 고객이 외출한 때를 이용 하루에 한번씩 룸메
이드가 한다.

810. 호텔 객실 내 베드는 저녁 무렵에 오픈베드(open Bed)라고 하
여 투숙객이 취침하기 편하도록 침구 한쪽 모서리를 단정하게
접어놓는 서비스를 한다.

811. 호텔 객실문 밖에 DD(Do not disturb) 카드를 걸어두면 룸메
이드가 객실청소를 위해 객실을 노크하는 등 방해를 일체 하지
않는다.

812. 호텔 객실의 DD카드는 객실문 안쪽에 걸려 있다.

813. 호텔에서 세탁물 서비스는 안내책자를 참고하면 된다.

814. 콘시어지 서비스란 호텔에서 각종 정보제공에서부터 컴플레인
사항의 처리에 이르기까지 고객을 위한 모든 서비스를 제공하
는 것을 말한다.

815. 외국 출장시 현지 사정을 몰라 누군가의 도움을 받아야 할 경우
나 문제 발생시 코시어지의 문을 두드리면 거의 해결된다.

816. 호텔 내에서 사무보조, 우편업무, OA기기 대여 등 부대기능을
비즈니스 서비스라고 한다.

817. 호텔에서 체련장, 사우나, 수영장, 미용실 등 호텔의 부대기능
을 휘트니스(Fitness)시설이라고 한다.

818. 호텔에서 휘트니스 시설의 이용은 호텔에 따라 무료인 경우와
입장료를 내는 경우도 있다.

819. 호텔에서 TIP(To Insure Promptness)의 원래 개념은 신속
한 서비스에 대한 대가라고 할 수 있다.

820. 호텔에서 룸메이드에 대한 팁은 하루에 1달러 정도 주면 된다.

821. 호텔에서 룸서비스에 대한 팁은 계산서의 15%정도 팁을 준다.

822. 호텔에서 도어맨이 발렛파킹 서비스를 해준 경우 주차시킬 때마
다 1달러 정도씩 팁을 준다.

823. 호텔에서 벨맨에 대한 팁은 방을 안내해줄 때와 짐을 들어다줄
때 코인(50센트)을 주면 된다.

824. 호텔 프런트 직원에게는 별도 팁을 줄 필요는 없다.

825. 호텔식당의 웨이터에게는 식사한 비용의 10% 정도 팁을 준다.

826. 호텔 식당에서 소믈리에(sommelier)는 포도주와 주문한 술값
의 15% 정도 팁을 준다.

827. 호텔식당에서 캡틴의 경우 자리 안내만 했을 경우 별도 팁을 줄
필요는 없다.

828. 클로크룸(Cloak room)은 코트와 모자 등을 맡겼을 경우 25센
트 정도 팁을 준다.

829. 레스토랑이란 신비의 스테미너 요리를 파는 식당이라는 의미에
서 유래된 것이다.

830. 레스토랑의 예약시간은 반드시 지키도록 한다.

831. 사전연락 없이 늦어지는 경우 예약 자체가 취소된다.

832. 레스토랑에서는 예약시간 경과 후 15분 정도까지만 기다린다고
생각해야 한다.

833. 레스토랑에 도착하면 일단 매니저나 리셉센 리스트가 영접하게
되어 있다.

834. 레스토랑에서 예약 사실이 확인되면 클로크룸에 불필요한 소지
품을 맡긴다.

835. 레스토랑에 들어갈 때는 여성을 앞세운다.

836. 레스토랑에서 매니저가 제일먼저 빼주는 자리가 상석이다.

837. 테이블 상석에는 주빈이나 여성이 먼저 앉는다.

838. 레스토랑에서는 입구에서 먼 곳, 벽을 등지고 있거나 전망이 좋
은 곳이 상석이다.

839. 레스토랑에서 테이블과 거리는 주먹 두 개 정도의 거리가 적당
하다.

840. 레스토랑에서 식전주를 주문할 경우에는 식전주를 마시고 나서
냅킨을 편다.

841. 냅킨은 입가를 가볍게 닦거나 핑거 볼(Finger Bowl)을 사용한

후 손가락을 닦을 때 사용한다.

842. 웨이터(waiter)의 역할은 예약접수, 테이블 안내, 주문접수, 음식 서비스 등이다.

843. 웨이터를 부를 때는 큰소리로 부르지 말고 고개를 돌려 시선을 맞춘 후 손을 가볍게 든다.

844. 소믈리에(Sommelier)는 와인전문가를 말한다.

845. 소믈리에가 없는 레스토랑에서는 웨이터가 와인에 대한 안내를 대신한다.

846. 음식에 대한 계산은 커피 혹은 식후주를 거의 마신 후 적당한 때에 앉은자리에서 한다.

847. 계산을 할 때는 웨이터와 눈을 맞춘 후 계산을 하고싶다는 신호를 보내면 계산서를 가져다준다.

848. 계산을 각자 하는 경우라도 그 자리에서는 한 사람이 대표로 낸 후 밖으로 나와 정산한다.

849. 팁은 남의 눈에 띄지 않게 자연스럽게 주도록 한다.

850. 팁을 주는 시기는 계산이 끝난 후 계산서를 다시 줄 때 팁을 준다든가 수고의 표시로 악수를 하면서 준다.

851. 치즈를 먹을 때는 빵과 함께 먹는 경우 부드러운 치즈는 적당량을 빵에 발라서 딱딱한 치즈는 빵에 얹어서 먹는다.

852. 치즈 껍질은 냄새가 강하므로 취향에 따라 먹어도 되고 남겨도 된다.

853. 몇 종류의 치즈를 먹을 때는 맛이 서로 섞이지 않도록 하나씩

먹는다.

854. 치즈는 풍미가 약한 것부터 강한 순으로 먹는다.

855. 식사가 끝나고 커피가 나오면 상석에 앉은 사람이나 상대방에게 먼저 설탕과 밀크를 권한다.

856. 커피 잔에 설탕이나 밀크를 넣을 때 튀지 않도록 컵 가장자리로 살며시 넣는다.

857. 각설탕의 경우 설탕용 스푼이 없으면 손으로 커피 잔에 넣어도 무방하다.

858. 커피를 마실 때 손으로 컵을 받치거나 밑 접시를 대지 않는다.

859. 커피를 마실 때 데미타스컵의 경우 엄지와 검지손가락만으로 잡고 마신다.

860. 중국요리는 ① 북경요리 ② 사천요리 ③ 광동요리 ④ 남경요리 등 4가지로 구분한다.

861. 대표적인 북경요리는 양통구이, 물만두, 자장면 등이다.

862. 남경요리는 중국의 중부를 대표하는 요리로 남경, 상해, 소주, 양주 등지의 요리가 이에 속한다.

863. 대표적인 남경요리로는 오향우육, 꽃빵, 취개, 부귀계 등이 있다.

864. 광동요리는 광주 중심으로 중국 남부 지방의 요리에 대한 총칭이다.

865. 광동요리의 대표적인 것은 음차와 죽이다.

866. 사천요리는 양자강상류의 산악지방과 사천을 중심으르 운남, 귀

주지방의 요리를 말한다.

867. 사천요리는 신맛과 매운맛, 톡 쏘는 자주적인 맛과 향기가 요리의 기본을 이루며 마파두부, 짜사이, 새우칠리소스 등이 유명하다.

868. 중국식당 좌석 서열은 원형 탁자가 놓여진 별실의 경우에는 안쪽이 상석이고 입구 쪽이 말석이다.

869. 레스토랑에서 고객은 웨이터의 안내를 받아 자리에 앉는다.

870. 중국 식당은 중앙에 받침 접시가 놓여지며 그 위에 냅킨을 얹어서 놓는다.

871. 중식당에서 손잡이가 짧고 자기로 된 스푼을 '렝게'라고 한다.

872. 렝게는 받침용 접시와 젓가락 사이에 놓는다.

873. 중식당에서 음료용 글라스는 받침접시의 오른편 바깥쪽에 놓는다.

874. 중식당에서 요리에 사용되는 그릇은 식사 전에 새롭게 준비하여 받침접시 위에 얹어 놓는다.

875. 중식당에서 냅킨과 물수건이 함께 제공된다.

876. 중식당에서 냅킨은 식전주를 마시기 전에 무릎 위에 가지런히 펼쳐 놓는다.

877. 중식당에서 냅킨은 핑거볼을 사용한 후 손가락을 닦을 때 사용한다.

878. 중식당에서 자리에 앉으면 바로 물수건이 제공되므로 손을 닦는다.

879. 중식당에서 회전탁자 위에 큰 접시가 얹혀 있으면 호스트는 공동 젓가락을 갖춰 손님의 앞쪽으로 돌려보낸다.

880. 중식당에서 회전탁자가 돌아서 자기 앞에 요리가 오면 1인분 정도 적당량을 덜고 다음 사람 앞으로 가게 회전 탁자를 돌린다.

881. 중식당에서 회전탁자는 수잔이라는 여인이 처음 고안해냈기 때문에 수잔(Suzan)이라고 한다.

822. 고급 레스토랑의 경우 웨이터가 일일이 음식을 덜어 준다.

883. 중식당에서 요리가 새롭게 나오면 맛이 섞이지 않도록 새로운 앞 접시를 사용한다.

884. 중식당에서 기본소스로는 간장, 식초, 고추기름의 세 가지가 놓이게 된다.

885. 중국 요리는 뜨거운 요리가 많으므로 식지 않은 동안에 요리를 먹을 수 있도록 민첩하게 한다.

886. 중식당에서 젓가락을 식사 중에 사용하지 않을 때는 접시 끝에 걸쳐놓고 식사가 끝나면 젓가락 받침에 놓는다.

887. 중식당에는 6~8명의 인원이 함께 가는 것이 가장 이상적이다.

888. 중식당에서 정식코스는 6명 이상부터 가능한 것으로 되어 있다.

889. 중식당에서 차를 마실 때는 오른손으로 찻잔을 감싸 쥐고 왼손으로는 잔의 밑 부분을 받쳐들어 소리를 내지 않고 맛과 향을 음미하면서 조용히 마신다.

890. 일식당 이용시는 2~3일 전에 미리 예약하는 것이 좋다.

891. 일식당에서는 소반 위에 젓가락과 음료용 컵을 세트해 놓는다.

892. 일식당에서 젓가락은 앞쪽에 옆으로 놓여 있다.

893. 일식당에서 젓가락 사용은 기본 매너이다.

894. 일식당에서 공기를 들 때는 일단 젓가락을 내려놓고 왼손으로 밥공기를 들고 나서 오른손으로 젓가락은 집는다.

895. 일식당에서는 밥공기를 든 채로 먹는다.

896. 일식당에서 종이로 싸여 있는 젓가락은 일단 오른손으로 젓가락을 빼낸 후 젓가락 받침 위에 놓는다.

897. 일식당에서 젓가락 받침이 없을 경우는 젓가락을 쌌던 종이를 접어서 받침대로 이용한다.

898. 일식당에 받침이 있는 경우 종이 껍질은 소반의 왼쪽 옆에 놓아 둔다.

899. 일식당에서 젓가락을 내려놓을 때는 옆으로 가지런히 하여 젓가락 받침에 걸쳐놓는다.

900. 일식당에서 그릇을 들 때는 반드시 양손을 사용한다.

901. 일식당에서 손에 든 그릇은 내려놓지 않고 또 다른 그릇을 드는 등 양손에 그릇을 들고 먹는 것은 매너에 어긋난다.

902. 일식당에서 그릇을 들지 않고 앞으로 당기거나 밀지 않는다.

903. 일식당에서 가져온 음식을 받으면 일단 상위에 올려놓았다가 들고 먹는다.

904. 일식당에서 접대 받는 경우 요리를 모두 먹도록 하고 요리의 장식 및 기물에 대한 칭찬을 덧붙이는 것이 좋다.

905. 일본식 연회에서는 연회 시작 직후에 일본주로 건배한다.

906. 이식 연회장소에서는 건배가 끝나기 전에는 음식에 손을 대지 않는다.

907. 일식 연회 장소에서 여성의 경우는 술잔을 두손으로 든다.

908. 일식에서 술을 권하면 가볍게 인사하고 잔을 가슴 앞쪽까지 들어 받는다.

909. 일식에서 술을 따를 때는 오른쪽에서 오른손으로 잔의 80% 정도 술을 채운다.

910. 일식에서 전채는 건배를 하고 나서 먹는다.

911. 일식에서 국은 젓가락으로 내용물을 먹고 국물은 소리나지 않게 마신다.

912. 일식에서 생선회는 반드시 홀수로 내게 되어 있다.

913. 일식에서 튀김이 나오면 바삭거리는 느낌이 없어지기 전에 빨리 먹는다.

914. 일식에서 모듬으로 튀김이 나오면 전체 모양이 흐트러지지 않도록 위에 있는 것부터 먹는다.

915. 일식에서 튀김은 튀김용 소스에 무즙을 넣어 섞어 찍어 먹는다.

916. 일식에서 튀김을 소스에 담가 놓으면 튀김옷이 벗겨지므로 삼가한다.

917. 일식에서 조회는 작은 주발을 두 손으로 들어 올렸다가 가슴 높이에서 왼손으로 들고 젓가락을 이용해 먹는다.

918. 일식에서 밥과 국의 뚜껑은 왼손으로 그릇을 잡고 오른손으로 열어 소반 바깥쪽에 가지런히 놓는다.

919. 일식에서 밥은 왼쪽, 된장국은 오른쪽, 절임류는 바깥쪽에 놓여
     져 나온다.

920. 일식에서 된장국은 두 손을 들고 국물을 마셨다가 한 손에 들고
     젓가락으로 내용물을 먹는다.

921. 일식에서 밥과 된장국과 절임류는 균형 있게 먹는다.

922. 일식에서 냄비 요리의 경우 특정한 것만 골라서 먹거나 냄비 속
     을 마구 휘젓는 일을 삼가야 한다.

923. 일식에서 생선초밥(스시)은 부서지지 않도록 생선회 부분에만
     소스를 가볍게 묻혀 한 입에 먹는다.

924. 일식에서 생선회를 벗겨내고 소스를 묻힌다거나 스시를 반을 잘
     라먹는 일은 삼간다.

925. 호텔조식으로 아메리칸 식은 미국에서 비롯된 조식 메뉴로 가짓
     수가 많다.

927. 호텔조식으로 시리얼은 옥수수로 만든 콘플레이크는 차가운 우
     유를, 보리로 만든 오트밀은 따뜻한 우유를 따른 후 먹는다.

928. 호텔조식으로 스크램블드 에그는 달걀에 버터와 우유를 넣어 볶
     은 것이다. 햄이나 베이컨과 함께 나온다. 이때 햄이나 베이컨
     을 나이프로 잘라 계란과 교대로 먹는다.

929. 원두커피는 브라질을 비롯해 아열대 지방의 산악지대에서 생산
     된 것이다.

930. 스트레이트 커피는 한 가지 종류의 원두로 만든 것을 말한다.

931. 브랜드커피는 일반적으로 맛을 내기 위해 여러 종류의 원두를

섞어 놓은 것이다.

932. 카페오레는 커피에 밀크를 넣은 것이다.

933. 비엔나 커피는 커피에 생크림을 띄운 것이다.

934. 아메리칸 커피는 레귤러커피보다 엷은 맛을 내는 커피로 미국인
들이 즐겨 마시는 커피이다.

935. 샌드위치는 손으로 들고 먹을 수 있게 만들어진 음식이다.

936. 햄버거를 먹을 때는 내용물이 빠지지 않도록 확실히 잡고 먹는
다.

937. 호텔에서 아메리칸 플랜(American Plan)이란 객실요금에 매
일 3식의 식사요금이 포함되어 있는 숙박요금 제도이다.

938. 호텔에서 버뮤다 플랜(Bermuda Plan)이란 객실요금에 아침
식사 요금만 포함시킨 숙박요금 제도로서 콘티넨탈 플랜이라고
도 한다.

939. 호텔에서 투숙 수속을 하는 것을 체크인(Check-in)이라고 한
다.

940. 호텔에서 체크아웃(Check-out)이란 숙박료를 지급하고 퇴숙
하는 것을 말한다.

941. 클로크룸(Cloak Room)은 호텔, 연회장, 식당의 코트 또는 휴
대품 등의 일시 보관소이다.

942. 호텔에서 더블 베드룸(Double Bed Room)은 2인용 침대가 1
개 있는 객실을 말한다.

943. Duty Free Shop은 출국 내국인이나 외국인을 위한 면세물품

판매점이다.

944. European Plan이란 객실요금에 식사대금을 포함시키지 않는 숙박요금제도 이다.

945. ETA(Estimated time of Arrival)란 도착예정 시간을 말한다.

946. ETD(Estimated time of Departure)란 출발예정 시간을 뜻한다.

947. 호텔에서 Twin Bed Room이란 1인용 침대가 2개있는 객실이다.

948. 남성이 반드시 먼저 악수를 청해야 할 때는 그가 파티의 호스트일 경우이다.

949. 파티에서 호스트는 초대받은 손님이 남성이든 여성이든 간에 상대방이 파티장에 도착했을 때와 돌아갈 때는 반드시 악수를 한다.

950. 악수를 할 때 남성은 상대가 여성인 경우에는 특히 손을 가볍게 잡는 것이 에티켓이다.

951. 기혼부인에 대한 정중한 서양식 인사법으로 손에 입맞추기(Kissing hand)를 할 때는 부인 쪽은 손바닥이 밑으로 향하도록 손을 내밀어야 하며 남성은 여성의 손을 잡고 입술을 대는 흉내를 낼 뿐, 실제로는 입술을 손에 대지 않는다.

952. 라틴이나 슬라브계, 아프리카의 여러 나라에서는 가까운 친구나 부모형제를 오래간 만에 만나면 포옹을 하며 볼에 키스를 하면

서 반가워하는 풍속이 있다.

953. 서양에서 만찬 초청을 받았을 때 케이크를 가지고 가지 않는다.

954. 서양에서 초청을 받아 선물을 가지고 갔을 때 선물을 내려놓는 시점은 그 집에 들어가면서 인사를 한 후 곧바로 내놓는다.

955. 음악회나 오페라에서 늦게 도착했을 때는 관객이나 연극자에게 방해가 되지 않도록 반드시 한 곡이나 한 막이 끝날 때까지 기다렸다가 입장해야 한다.

956. 남성은 길거리에서나 방에서 두 여성 사이에 자리를 잡아서는 안 된다.

957. 남성은 여성을 언제나 오른쪽에 모시는 것이 서양의 티켓이다.

958. 여성이 무거운 짐을 들고 갈 때 남성은 그 짐을 들어주는 것이 신사의 에티켓이다.

959. 여성은 승용차를 탈 때 차 밖에서 차 쿠션에 먼저 앉고 다리를 모아서 차 속에 들여놓고 내릴 때는 먼저 다리를 모아서 차 밖으로 내놓고 나오도록 한다.

960. 서양에서 팁에 쓰기 위해 늘 잔돈을 가지고 다니는 것이 좋다.

961. 서양에서 여성과 남성이 같이 있을 때 팁은 언제나 남성이 준다.

962. 호텔에서 이성의 손님 방문을 받았을 때는 로비에서 만나는 것이 원칙이다.

963. 호텔에서 복도를 잠옷 차림인 맨발로 다니는 것은 삼가해야 한다.

964. 서양에서 이발소 또는 미용실에 갈 때는 예약을 하고 가는 것이

상식이다.

965. 서양에서는 이발(Haircut) 하면 머리만 잘라 줄 뿐 면도는 따로 요구해야 해주고 세발도 따로 요구해야 해주는데 이때 요금을 별도로 각각 더 지불해야 한다.

966. 서양에서는 이발소에서도 요금의 15% 정도의 팁을 주어야 한다.

967. 서양에서 부인들도 호텔의 미장원에 갈 때는 예약을 하고 역시 팁을 주어야 한다.

968. 서양에서 택시를 이용시는 요금의 10-15% 정도의 요금에 얹어 주어야 한다.

969. 서양 도심지에서는 택시 이용시 택시 타는 곳까지 가야 한다.

970. 선진국에서는 길거리에서 쓰레기를 버리거나 가래침을 뱉어서는 절대로 안 된다.

971. 양식요리의 풀코스의 순서는 대체로 다음과 같다.

① 식전주→ ② 전채→ ③ 스프→ ④ 백색와인→ ⑤ 생선요리→ ⑥ 적색와인→ ⑦ 고기요리→ ⑧ 디저트→ ⑨ 커피→ ⑩ 식후주

972. 중국식 요리의 풀코스의 순서는 대체로 다음과 같다.

①전채→ ② 주채(메인요리)→ ③ 디저트(메뉴의 구성: 특선명채, 희귀요리, 해산물, 가금류, 육류, 야채류, 생선류, 스프류, 식사, 감채류, 과일)→ ① 전채→ ② 주채(메인요리)→③ 디저트

973. 일식 요리의 풀코스의 순서는 다음과 같다.

① 건배주→ ② 전채→ ③ 국물류→ ④ 생선회→ ⑤ 조림류→ ⑥ 구이류→ ⑦ 초회→ ⑧ 국류(된장국)→ ⑨ 밥→ ⑩ 절임류(야채절임)→ ⑪ 과일 디저트류

974. 일본인에게 선물할 때 4는 피한다.(死와 연관).

975. 일본인에게 선물할 때 흰 종이로 포장하지 않는다.

976. 일본인에게 흰 꽃(사망 상징)이나 칼(자살 상징)은 선물하지 않는다.

977. 중국인에게는 괘종 시계를 선물하지 않는다.

978. 홍콩 사람에게는 두 가지 선물을 한다(행운을 가져온다고 믿기 때문에).

979. 중동에서는 손수건을 선물하는 것은 이별을 의미하므로 적합지 않다.

980. 라틴아메리카인에게는 칼을 선물하지 않는다.

981. 라틴아메리카인에게는 상담은 바로 시작하지 않는다.

982. 멕시코와 브라질에서 자줏빛 꽃은 사망을 의미한다.

983. 브라질 인에게 ‘OK’라는 제스처를 취하지 않는다.

984. 유럽에서 흰 국화는 사망을 상징한다.

985. 유럽에서 짝수의 꽃은 불행을 가져온다고 생각하므로 홀수로 하되 13송이는 피한다.

986. 독일인에게 빨간 장미는 구애를 뜻한다.

987. 독일인에게 꽃을 선물할 때 포장하지 않는다.

988. 독일인에게 꽃을 짝수로 선물하지 않는다.

989. 중동 사람에게는 몸을 일부라도 노출시킨 여인의 사진 또는 애
　　　완동물 사진은 선물로 적합지 않다.

990. 말레이시아인에게는 탁상 시계를 선물하지 않는다.

991. 프랑스인에게는 탁상 시계를 선물하지 않는다.

992. 하와이에서는 화장실 사용시 출입구 밖에서 기다려야 한다(문 앞
　　　또는 바로 뒤에서 기다리는 것은 새치기).

993. 사우디아라비아에서 라마단 기간(이스람력 9월) 중 흡연하면 처벌
　　　을 받는다.

994. 일본인이나 대만 인의 등뒤에서 손뼉을 치지 않는다.

995. 영국인에게 "생계를 위하여 무엇을 하십니까?"라고 묻지 않는다.

996. 러시아(모스크바) 레스토랑에서는 수주일, 수개월 전에 예약해야
　　　하며 특히 시간과 금전 약속을 안 지키면 신용 상실을 당한다.

997. 서구 사회에서는 예약 문화를 못 지키면 생활 자체가 불가능하
　　　다(병원에도 사전 예약 최우선, 몸이 아프면 예약부터).

998. 서구 예절의 기본은 레이디 퍼스트(Lady First)관념에 바탕을
　　　두고 있다(다른 에티켓이 뛰어나도 여성에 대한 배려를 못하면 진정한 신사
　　　가 아님).

999. 미국에서는 점심을 간단히 하고 저녁을 풍성하게 먹는다.

1000. 앙트레(entree)는 미국에서는 메인 코스에, 유럽에서는 스타
　　　팅 코스에 포함되어 있다.

1001. 칵테일 아워(Cocktail Hour)는 미국에만 있다.(식사 전 약1시
　　　간 동안 술을 즐긴다.)

세계 ^{여러 나라의 관습과} 매너

2005년 5월 20일 1판 1쇄 인쇄
2005년 5월 25일 1판 1쇄 발행

저 자 김 진 익
발행자 심 혁 창

발행처 도서출판 한글
서울특별시 마포구 아현동 371-1
☎ 363-0301 / FAX 362-8635
본사 홈페이지 : www.han-geul.co.kr
E-mail : simsazang@hanmail.net
등록 1980. 2. 20 제10 - 33호

▲ 파본은 교환해 드립니다

정가 10,000 원

ISBN 89-7073-084-2-93230